AN INNOVATION OF THE AGE OF PLATFORM

プラットフォーム時代の
イノベーション

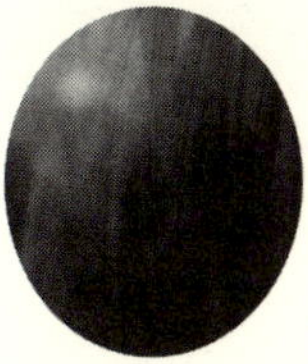

クローズドから
オープンビジネスモデルへの進化

中田 善啓［著］

Nakata Yoshihiro

同文舘出版

まえがき

現在日本社会では失われた十年が二十年を超えようとしている。成長のエンジンとなった企業の多くがなぜ凋落したのであろうか。日本企業の活性化の道は何であろうか。日本企業の再生はイノベーションにかかっている。

アメリカではアップル、グーグル、フェイスブック、アマゾン、そのほか多数のベンチャ企業の成長が著しい。一方、日本のエレクトロニクス企業はかつての輝きを失っている。例えば、アップルは製品の開発、企画、販売を自社で行い、製造を主として中国や台湾のＥＭＳ（電子機器の受託生産）企業に委託している。中国や台湾では生産コストが低く、先進国では高価格で販売しているので、利益が大きくなる。一方、シャープやパナソニックは液晶パネルを垂直的統合しＴＶを主として国内で生産したが、成功しなかった。

この落差の大きな要因の一つは、アップルが日本の企業とは異なるビジネスモデルをとってイノベーションを加速していることである。アップルのビジネスモデルはプラットフォームを構築して、オープンでイノベーションを行っている。一方、日本の典型的なビジネスモデルは中核企業を中心として関係企業を系列化する階層システムをとって、イノベーションを主として企業内部で行い、それをクローズドで利用して超過利益を得ることである。

階層システムは大量生産・販売時代には効率的であった。しかし、このシステムは、ＩＴ革命以後モジュラー・アーキテクチャがとられてイノベーションがベンチャやユーザーのような組織に分散すると、非効率になった。特に製造業中心で、階層システムのクローズドシステムをとる企業は部品やソフトウェアのイノベーションに対応できず、アップル、グーグル、アマゾン、フェイスブックなどのプラットフォーム企業に後れをとった。

日本企業の多くはものづくりを重視しているので、部品レベルでの技術的優位性をもつが、それらを融合し統合して、イノベーションをオープンに行うというプラットフォーム思考をとる企業は少ない。アメリカのプラットフォーム企業は多様な参加者を誘引して、そのイノベーションを促進するビジネスモデルをとっている。

日本のエレクトロニクス企業は、競争力のあるプラットフォームを開発しなかった。例えば、ソニーは最先端テクノロジーのメーカーである。流通システムの一部、レコード会社、映画制作会社を囲い込んだが、これらを融合し統合し、新しいシステムを産み出すようなオープンなプラットフォーム思考がなかった。デジタル音楽の分野でソニーはウォークマンなどのポータブルオーディオプレーヤーを販売し、大量のコンテンツも所有していたにもかかわらず、アップルに後れをとった。

一方、アップルはスマートフォーンやタブレット式ＰＣのように、システム全体を調整し、外部の企業や組織のイノベーションを促進するプラットフォーム思考をとった。アップルはミュージック業界の経験がなかったし、コンテンツも所有していなかったが、プラットフォームを構築した。それによって、ユーザーは音楽配信サイトからダウンロードでき、デジタル権も管理できる。

筆者は長年大学でマーケティング論関係の授業やゼミナールを行ってきたが、就職について学生たちの大企業志向が変わっていないことに驚く。今も以前もベンチャを志望する学生がきわめて少数である。この原因は色々ある。高度成長期には組織が拡大していくので、多くの学生が大企業を選択することで雇用の安定と将来の高賃金を求めたことはもっともである。

しかし、現在ではイノベーションが加速し、グローバルレベルで競争が行われている。世の中が驚くほどのスピードで変化し、予想外のことがおきる。環境の変化が著しく、不確実な世界では雇用関係がどうなるか分からないし、多くの企業では賃金が上がらない。それにもかかわらず、現在の多くの学生は寄らば大樹の陰で、有名大企業を志望している。しかし、かつての成長企業であった有名企業が今では社内失業者をかかえ、解雇をめぐって社会問題となっている。まずは業績が悪くなると、企業は雇用に手をつけることを肝に銘じるべきである。

このような状況では若い人々がベンチャを目指すのは一つの選択である。何よりも、コンピュータ、インターネット、３Ｄプリンターなどの情報機器の発展により、実験やシミュレーションのコストが低下して、個人でも利用可能になり、ビジネスチャンスが拡大している。さらには、顧客のニーズが多様化して、大企業が参入しないニッチ製品への需要が高まっている。大企業に勤めても賃金は以前ほど上がらないし、雇用は安定していない。それなら、自分で道を切り開くベンチャは大きな選択肢の一つになる。

企業に就職、転職する人々は将来の産業の方向性を見極める必要がある。まず、企業にはライフサイクルがあることを知るべきである。一九五〇年前後の繊維企業、一九六〇年代の重厚長大企業、一九七〇年代の家電エレクトロニクス企業、自動車企業、バブル期の金融企業はどうなったであろうか。今なお大企業であり続けている企業もあるが、多数の企業は消えていったり、低落傾向にある。

産業社会はダイナミックである。現在、中小企業であっても将来の社会の方向を見極め、イノベーションを志向する企業が成長していく。最初から大企業であった企業はない。高度成長期を支えたのはソニー、松下電器産業（現在パナソニック）、ホンダなどはベンチャから出発した。何よりもグーグル、アップル、フェイスブックはベンチャであった。確かな針路をもつ企業は成長していく。成長する企業は安定した雇用関係をもつ。企業の就職、転職する人が企業を選ぶのであって、企業が選ぶのではない。

読者には将来の社会の方向がどのようになるかを是非考えて欲しい。本書は、大規模階層的組織からエコシステムへ、製造企業によるイノベーションからユーザーによるイノベーションへ、クローズドビジネスモデルからオープンビジネスモデルへの変化がどのような原理で生まれ、進化していくかを明らかにしている。われわれは将来を見極めようとする確かな目をもつように努力しなければならない。まずは、理論武装をして自分の頭で考えるトレーニングをする必要がある。

筆者は単独の著書として一九八二年に『流通システムと取引行動』、一九八六年に『マーケティングと組織間関係』、一九九二年に『マーケティング戦略と競争』、一九九八年に『マーケティングの進化』、二〇〇二年に『マーケティングの変革』、二〇〇九年に『ビジネスモデルのイノベーション』を上梓した。

筆者の研究を振り返ってみると、前二冊では取引費用モデル、および所有権モデルの観点から取引のガバナンスを考察した。一九九八年の著書は複雑系の分析の視点から取引のガバナンスの進化を考察した。二〇〇二年の著書はIT革命によってマーケティングがどのように変化するかを明らかにした。二〇〇九年の著書はプラットフォームを中核として、多数のメンバーが参加するエコシステムに基づくビジネスモデルを分析した。本書は主としてイノベーション活動を促進するビジネスモデルに焦点を当てている。

筆者が研究者として道を歩み始めたとき、恩師の阪本安一先生の多数の著書に接し、先生にはとても及ぶことはできないが、研究生活中にせめて五年に一冊の単著を書こうと心に決めた。本書で七冊目になったが、残念ながら阪本先生に及ばない。筆者としては各著書が異なる内容であることは自負してもいいかもしれない。恩師の市橋英世先生には、すぐに役に立たないものこそが将来役立つこと、つまり理論こそが重要であることを教えられた。

本書を上梓するに際し、多数の先学、同学の諸先生方、友人から受けた学恩とご鞭撻に対して心から感謝の意を表したい。ことに、今は亡き二人の師、神戸商科大学（現兵庫県立大学）名誉教授阪本安一先生、大阪府立大学名誉教授市橋英世先生には公私とも多大のご指導を賜った。筆者が今日あるのは二人の師のご指導によるものである。ここにご冥福をお祈りしたい。

本書は、南山大学経営研究センターによるマーケティング・リサーチワークショップ、ならびに消費者行動研究ワークショップにおけるディスカッションから啓発された。

本書の出版の直接のきっかけを与えて下さり、辛抱強く原稿の完成を待っていただいた同文舘出版株式会社の市川良之氏に深く謝意を表したい。最後に、私事で恐縮であるが、執筆中迷惑をかけた妻享子に本書を捧げ、内助の功に報いたい。

数え上げれば限りない諸先生方、各種団体の関係者からの学恩には、あまりにもほど遠い本書の内容に恐懼すると同時に、残り少ない研究生活の励みにしたい。

なお、本書のもとになった論文は中田［二〇一〇、二〇一一a、二〇一一b、二〇一二a、二〇一二b、二〇一二c］である。

二〇一三年三月五日啓蟄

中田　善啓

目次

第一章 プラットフォーム時代のマーケティングに向けて

第四章 マルチサイド・プラットフォーム企業の戦略

第五章　小売業のイノベーション

第六章 オープンイノベーション

第一章　プラットフォーム時代のマーケティングに向けて

第一節　マーケティングと取引コスト

(1)　取引コストとは何か

マーケティングの役割は、売手と買手の双方ないしは一方が取引相手の情報を持たない（これを不完備情報という）状況で、売手と買手の懸隔を架橋し、相互のニーズを満足させることである。したがって、マーケティングは不完備情報の下で需給（需要と供給）のマッチングを行うことである。売手と買手の懸隔には、商品の所有権移転に関する所有の懸隔、生産と消費する場所の懸隔、生産と消費する時間の懸隔、売手の価格と買手の価格の懸隔、売手と買手がもつ情報の懸隔がある。売手と買手が取引や交換を行う場が市場である。

取引を行う際に発生するコストを取引コストという。売手と買手が直接取引をする場合、取引相手の探索、契約の交渉と合意、契約の監視について取引コストがかかる。これは実際に支払うコストではなく、取引に費やす資源（貨幣、時間、心理的負担など）を他の活動に費やせば得られる利益で測定する機会コストである。売手と買手が相互に完全な情報をもっていれば、物流問題を除いてマーケティングの多くの問題は解決される。

生産と消費との間には懸隔が存在するので、生産者とその顧客の間の懸隔を架橋する企業（仲介企業）は売手と買手の取引を仲介することによって、両者の取引コストを節約する。仲介企業は取引コストを節約する程度に応じて、それに費やす資源の代償として顧客への価格に転嫁する。したがって、たとえまったく同一商品であっても、取引コストが節約されるほど（顧客にとって便利であればあるほど）、顧客への価格が高くなる。これについては後述する。

次の二つの要因から取引コストがかかる。

(1) 売手と買手の取引の便利さに関係するコスト

(2) 売手と買手が自己利益を追求するために発生するコスト

(1)については、取引の際には商品の価格（代金）以外に時間、労力、心理的負担がかかる。売手と買手との間には懸隔が存在するので、売手と買手が直接取引をした場合、取引相手の探索（探索コスト）、契約の交渉と合意（交渉コスト）、契約の監視（監視コスト）といった取引コストがかかる。消費者の買い物行動を考えると、同一商品であってもどこで購入するかによって便利さが異なるので、価格が異なる。例えば、同じブランドのペットボトルのお茶の価格は自動販売機、コンビニエンスストア、スーパーの順で高い。消費者が便利になるほど（消費者の取引コストが低いほど）、消費者が負担しない取引コスト分だけ価格が高くなる。

次に、取引コストの定義の一つとして先に挙げた、(2)の売手と買手が自己利益を追求するために発生するコストとはどのようなものかについて解説することにしよう。売手と買手が自己利益を追求するとはどういうことだろうか。売手と買手の関係は、小売店と消費者（顧客）だけに限られない。例えば、労働市場では企業（雇用者、買手）と従業員（被雇用者、売手）、部品供給企業と組立企業、組立企業と流通企業（卸売企業や小売企業）との関係でも売手と買手の関係にある。

企業が製品差別化を行うためには、その企業や取引相手の企業との取引にしか使えないような（関係特定的な）投資が必要になる。例えば、従業員が企業活動から獲得する知識の多くは、その企業における業務上の経験（実行）による学習から獲得される。この知識を熟練や暗黙知という。従業員が他企業に移ると、その知識が使えなくなるので、その従業員の賃金は下がるし、もとの企業にとっても損失になる。従業員の雇用期間が短期であれば、その企業でのみ使える知識を学習しようとしない。

そこで、企業は従業員が熟練や暗黙知を獲得するように、雇用関係を長期かつ継続的な関係にする必要がある。また、部品供給企業が取引相手の製品差別化に必要な特殊な部品を生産するためには、組立企業は取引を長期継続的な取引関係を結ぶ必要がある。そうすると、売手または買手は取引相手を変えることができないので、取引相手を犠牲にして自己利益を獲得しようとする。

このように、企業や取引に関係特定的な投資が必要になると、取引相手を変えることができないため、売手と買手は長期継続的な契約を結ぶ必要がある。そうなると売手と買手は自己利益を求めて駆け引きに走る。このような行動を抑制するには将来のできごとをすべて予測し、そのための対処につ

図表1-1　取引コストの発生と節約

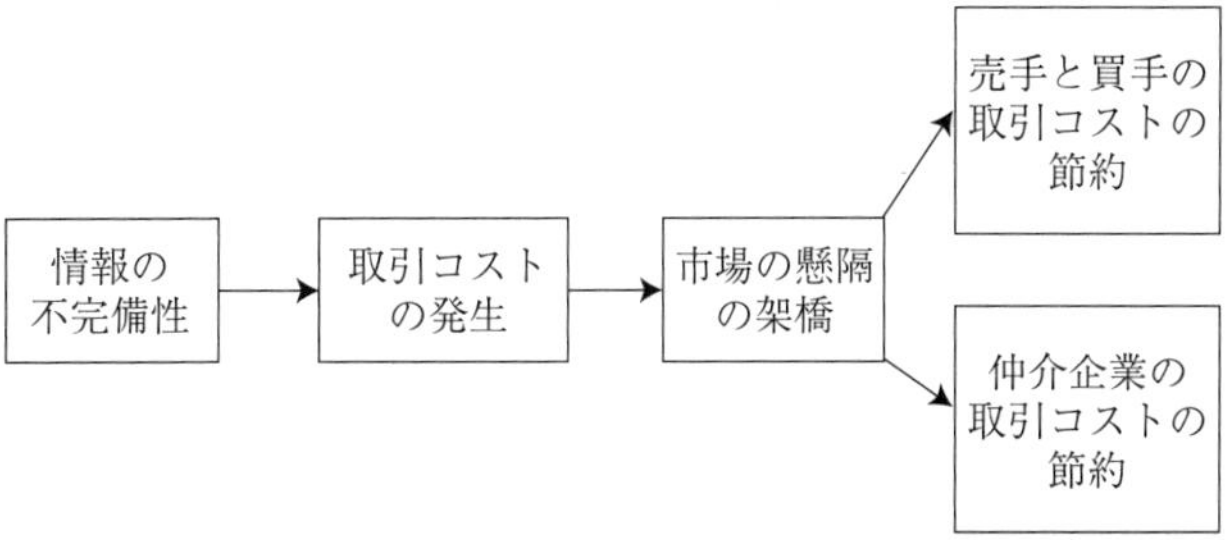

いて交渉し、合意し、その契約が守られているかどうかを監視しなければならない。その結果、取引当事者には取引コストがかかる。これが上記(2)の取引コストの内容である（Williamson [1975, 1985, 1986]、中田［一九八二、一九八六、一九九二、一九九八、二〇〇二］）。このような取引コストを節約するために、企業は従業員と長期雇用契約を結んだり、組立企業は部品供給企業を統合（合併）する。そうすると、取引当事者間の関係は権限によって調整されるので、交渉をする必要がなく、両者の取引コストが節約される。

　市場の架橋の担い手は流通企業だけでなく、部品供給企業、製造企業（組立企業）、金融企業、人材派遣企業、物流企業等、後述するプラットフォーム企業のような売手と買手との取引を仲介する企業（仲介企業）である。製造企業や部品供給企業は生産すると同時に、製品や部品を取引相手に販売するという取引の仲介を行っている。仲介企業は売手と買手の直接取引にかかる両者の取引コストを節約する。同時に、この仲介企業は架橋する際にかかる取引コストを節約しようとする（図表1－1）。

(2) 経験財から取引コストを考える

消費者の購入頻度が高く、商品の品質や価格について消費者がかなりの程度情報を持ち、低価格である日用品の購入を考えてみよう。このような商品を経験財という。例として同一ブランドのペットボトルのお茶の価格を考えよう。それは自動販売機では一五〇円、コンビニエンスストアでは一二五円、スーパーでは八八円ぐらいで販売されている。このように、同一商品であっても購入する場所によって価格が異なる。企業が大量に商品を購入すると、数量割引がある。自動販売機企業、コンビニエンスストア、スーパーは製造企業から大量に購入しているので、同じような数量割引が適用されている。したがって、製造企業からこれらの企業への出荷価格はほぼ等しい。

消費者はペットボトルのお茶の販売価格を知っているにも関わらず、なぜ高い価格のお茶を購入するのであろうか。多くの人は便利だからと答えるであろう。便利であるということは買手の取引コストが節約されることである。このコストは製造コストとは異なって、個々の取引の際に発生するコストである。

スーパーで購入した消費者は、自動販売機の価格との差額で表される取引コストを自ら負担している。つまり、時間と労力を費やしてスーパーで買い物を行うコストを取引コストと考えるのである。逆に自動販売機の場合には飲料製造企業はルートサービスによってこの取引コストを負担して、消費者への販売価格に転嫁している。同一商品の場合、消費者が購入の便利さを選択して取引コストを節

図表1-2　支払い価格と取引コスト

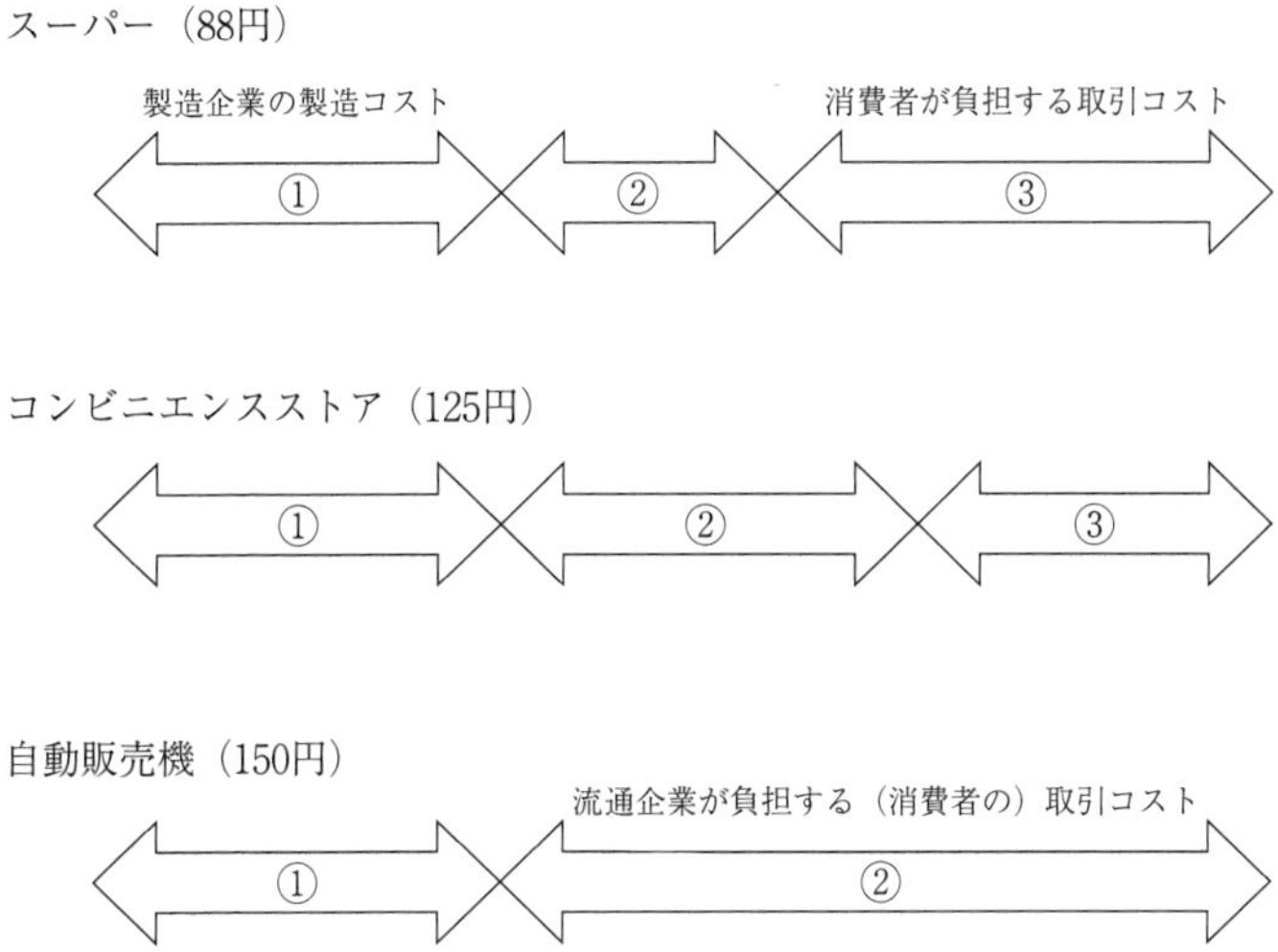

約すれば、商品の価格は高くなる。逆であれば、取引コストがかかって不便にはなるが、商品の価格は低くなる。卸売企業や小売企業は製造企業や消費者の取引にかかる時間や労力を節約するような便利さを提供して、消費者や製造企業が負担する取引コストの一部を代替している。

図表1－2は以上のことを要約している。矢印①は飲料製造企業の製造コストである。このコストはこの商品は同一のメーカーの同一商品であるので、製造コストはすべて同じである。矢印②は、卸売企業や小売企業のような流通企業が消費者の取引コストの一部を負担している。矢印③は、消費者がそれを負担している。消費者が実際に購入代金として支払うのは矢印①と②を加えたものである。同一商品でありながら

価格が高い商品を購入する理由は、購入するまでの時間と労力にかかる取引コストを消費者が差額の六二円で便利さを買っているからである。

(3) 探索財とブランドの役割

これまで述べた取引コストによって、ブランド商品がそうでない商品よりなぜ価格が高いかを説明することができる。売手だけが商品情報をもち、消費者は商品情報を持っていないような、情報の非対称性がある場合を考えてみよう。このとき消費者は商品情報を探索するので、このような商品を探索財という。また、探索財の価格は経験財のそれよりも高い。

消費者は商品情報がないので、経験財以上に情報を獲得しようとする。さらに、問題は情報の非対称性があるので、売手は商品の品質を偽るという行動をとるかもしれない。取引相手が取引（契約）の前に取引対象の属性を偽ることを逆選抜という。そのために交渉コストがかかる。加えて消費が長期にわたるとき、アフターサービスが必要になるが、売手がその契約を守る保証はない。そのため、買手には監視コストがかかる。取引相手が取引（契約）後に契約を守らないことをモラルハザードという。

このように、探索財の場合には経験財よりも消費者にとって取引コストがかかる。そのため、取引が成立しない恐れがある。そこで、売手は逆選抜やモラルハザードをとらずに、品質を保証している

図表1-3　ブランド

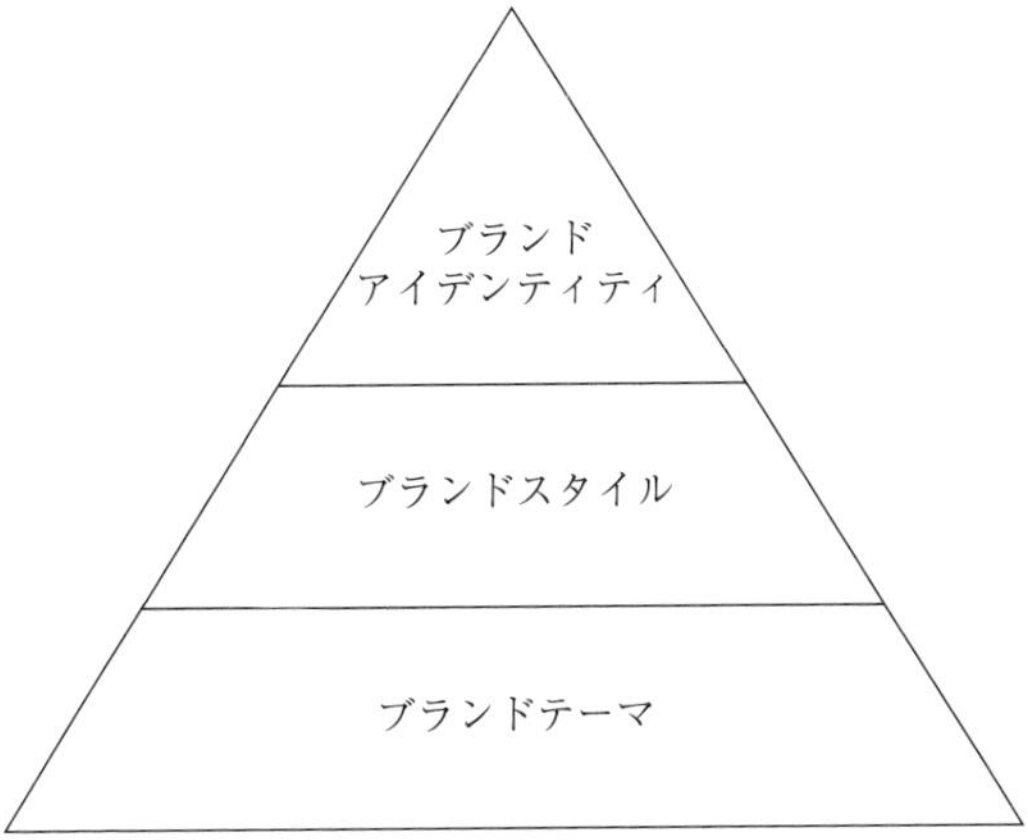

（出所）Kapferer［1998］p.173.

ことをシグナルとして消費者に送る必要がある。品質保証のシグナルがブランドである。

ブランドは、図表１－３のような三つの階層システムで示される。

(1)　第一層のブランドアイデンティティ

(2)　第二層のブランドスタイル

(3)　第三層のブランドテーマ

(1)のブランドのアイデンティティは商品の機能やデザインなど外観が変化しても、長期にわたって変化しない自己概念である。これはブランドのヴィジョン、ライバル企業との基本的な差異を示している。それは顧客のどのようなニーズを満足させるか、さらにブランドの長期的な特色や価値は何であるかを明らかにしている。これによって顧客はブランドイメージをもつことになる。

(2)のブランドスタイルは、ブランドの理念について憲章のような公式にまとめられた文書とグラフィックシンボルからなる。前者についてはブランドを管理する組織がブランドに関係する文書を管理する。ロゴのようなシンボルは消費者がブランドアイデンティティを視覚的に表すものである。たとえば、これはメルセデスのエムブレム、ルノーのダイアモンドなどである。ブランドによってこれらのシンボルが識別される。

(3)のブランドテーマはコミュニケーションと製品ポジショニングである。これはブランドアイデンティティやブランドスタイルを具体化したマーケティング・ミックス（本章第三節を参照）である。ブランドアイデンティティやブランドスタイルは比較的安定している。これを変えることはブランドを変えることである。これに対して、ブランドテーマは消費者のニーズや競争相手の戦略によって変化していくので、アイデンティティやブランドスタイルに比べ自由度を持っている。

消費者は第三層からブランドを観察する。製品ラインが拡張していくと、図表1－3では第三層が拡大していくので、消費者はアイデンティティが商品に反映されているかどうか疑うであろう。ブランド管理の重要なポイントはブランドアイデンティティとブランドスタイルをブランドテーマと首尾一貫させることである。ブランドの強さの一つはこのような首尾一貫性である。

消費者は多数がある商品を購入していると、それを購入しても安心だと考える。ブランドは消費者の安心という形でこのような取引コストを節約している。その代わり、ブランド商品の価格はそれがない商品よりも価格が高くなる。これはいわば消費者の安心料といえる。ブランド力がなければ、消費者は製品に関する情報を探索し、買手と交渉し、約束を守るかどうか監視する取引コストを負担しなければならない。すべての商品がブランド力をもっているわけではない。多数の消費者が購入しているという市場占拠率（市場シェア）が高ければ、その商品は消費者の安心を与える。

ブランドは消費者に対して品質を保証するという約束である。製造企業が品質を保証する限り、消費者の信用が得られる。この約束が破られれば、消費者はその商品を買わなくなる。これまで品質の偽装で企業が傾いたり、倒産したりしたのはその企業が約束を破ったためである。この意味ではブランド商品の高い価格は消費者に対する担保といえる。

(4) ブランドの経済性とは何か

ブランドは顧客に対して、当該商品ないしはサービスで何らかの約束をコミュニケートしている。製造企業は消費者からのロイヤルティを期待しているが、同時に消費者への約束にコミットしていなければならない。商品が変化し、製品ラインが拡張されるにつれて、消費者に対する約束にコミットする程度が弱くなる。

ここでいう約束は一種の契約であるが、文書化された契約とは異なる暗黙の契約である。暗黙の契約は企業と顧客の相互作用を通じて漠然とはしているが、理解され共有されている（はずの）期待である。実際に期待が共有され共通の理解が得られている限り、暗黙の契約は取引関係者の取引コストを節約する。暗黙の契約は企業と顧客間でのみ了解し合っているので，紛争の際に司法などの第三者による仲介や介入は困難である。これに対し，文書化された契約の場合にはその介入が容易である。

売手はブランドアイデンティティ，ブランドスタイルにコミットしていることをブランドテーマによって消費者にコミュニケートする必要がある。ここでコミットメントは後になって自分の行動を変えられないように，自分の行動をあらかじめ一定の方向に自ら強制的に向かわせることである。売手がブランドを通じて消費者にコミットすると，その約束を破った方が短期的に利益を得られるにもかかわらず，約束を守って長期的な利益を確保しようとする。コミットメントは相互作用の関係を継続させる。ブランドが示す約束を顧客が信用できるようなブランドの構築が中心課題となる。

消費者がブランドを信用できるための条件は二つある（Frank［1985］, chap.5）。

(1)　高い模造コスト

(2)　完全公開主義

まず(1)について，ライバル企業のシグナルに対して当該企業のそれが信用できるものであるためには，他者が模造するにはコストがかかるようにする必要がある。他企業が模造することが困難であれば，消費者は当該企業のブランドの約束を信用する。そのため，ブランドスタイルとブランドテーマが重要となる。ブランドは視覚的であるので，ロゴやトレードマークは模造することが困難でなければならない。したがって，企業は製品レベルでは技術だけでなく，製品デザインやパッケージにコストをかける。技術は日進月歩であるので、デザイン、パッケージ、ロゴマークの独自性、ユニーク性のようなブランドスタイルに投資するようになる。これは製品の機能に無関係な投資である。

⑵の完全公開主義は、ある企業がライバル企業よりも好ましい価値をもつことを明らかにすると、ライバル企業は自分たちの特質が望ましくないことを公開せざるを得ないことである。ライバル企業が品質について同じ情報を持っていない。このような非対称性が存在するので、いくつかの企業は比較的低い品質の商品まで保証することになる。

企業は商品の品質を消費者よりもよく知っている。自分の商品の品質がもっとも良いことを知っている企業は、消費者にその情報を与えることで利益を得ようとする。そのための戦略は商品に対して大きな保証をつけることである。品質の劣る企業は大きな保証をつけるにはコストがかかり過ぎる。いったん大きな保証のついた商品が現れると、消費者は保証のない商品を低品質であると考える。

二番目に良い品質の商品を販売している企業があるとしよう。その企業がこのまま保証をつけないでいると、消費者はその商品の品質を実際よりも悪いものと考えるだろう。したがって、その企業は保証をつける方が良い。しかしその商品は最良のものより低い品質なので、その企業がつける保証は最良の商品のそれよりも大きくはできない。このようにして、二番目に良い商品の品質が保証されると、消費者は保証がついていない商品の品質を低いと考える。最終的にはすべての企業が保証をつけるか、もしくは自分たちの商品の品質が劣っているというランクづけに甘受することになる。

消費者が製品についての情報を収集するのに取引コストが高くつくので、ブランドは重要である。製品属性について情報が不完備であると同時に、それをチェックするにも取引コストがかかる。さらに自動車のように長期にわたって消費する場合には、その評価が後になって分かることがある。ブランドに加えて消費者は多くの情報源を持っている。総合的に評価することが重要であるが、消費者が収集する情報が完全でないことが多い。そこで、消費者は経験則で有名ブランドやよく売れている小売店で購入する。

ブランドは情報の非対称性から発生する消費者の取引コストを節約する。消費者が品質について不確実である場合、企業は品質を下げることから得られる利益を上回る利益が得られれば、高価格で高品質の製品を提供する。この企業は高い評判と品質で顧客を増やし、高価格で販売して超過利益を得る。

この企業が低品質の製品を偽って高価格で販売すると、メディアを通じて他の顧客にもその事実が伝わる。その結果、一度そのような行動を行った企業の信用は著しく傷つけられ、過去から培われてきた評判は低下し、評判や品質を維持することで得ていた超過利益をも失うことになる。企業はこのような損失を避けて、高品質な商品を高価格で提供し続ける（Klein and Leffler［1981］）。この評判の象徴がブランドスタイルである。

製造企業は製品の耐久性、安全性、かっこよさなどの属性を売り込むために広告投資をするが、消費者はライバル企業と比較することが難しい。広告は製品属性についての情報を提供している側面はあるが、多くの顧客が当該企業の製品を購入しているという情報を提供している側面が強い。ブランドの成功は反復購入の指標であって、多くの人々がブランドを購入し、満足していることを示している。企業はブランドスタイルへ投資する。広告は企業自身についての情報を送っている。消費者は広告の情報だけではなく、広告投資から企業が成功していると考えるので、大量に広告する製品を購入する。高い広告投資をしている企業は品質の高い製品を将来も提供するという情報を消費者に提供していることになる。

第二節　サプライチェーンの特色

(1)　多段階取引とは何か

マーケティング論と他の研究分野との大きな違いは、図表1－4に示すように、素材から消費者に至るサプライチェーンに焦点を当てていることである。サプライチェーンは多段階からなる市場で取引が行われている。消費者とそれ以外の企業との違いは、前者が商品やサービスを再販売しないで消

図表1-4　サプライチェーン

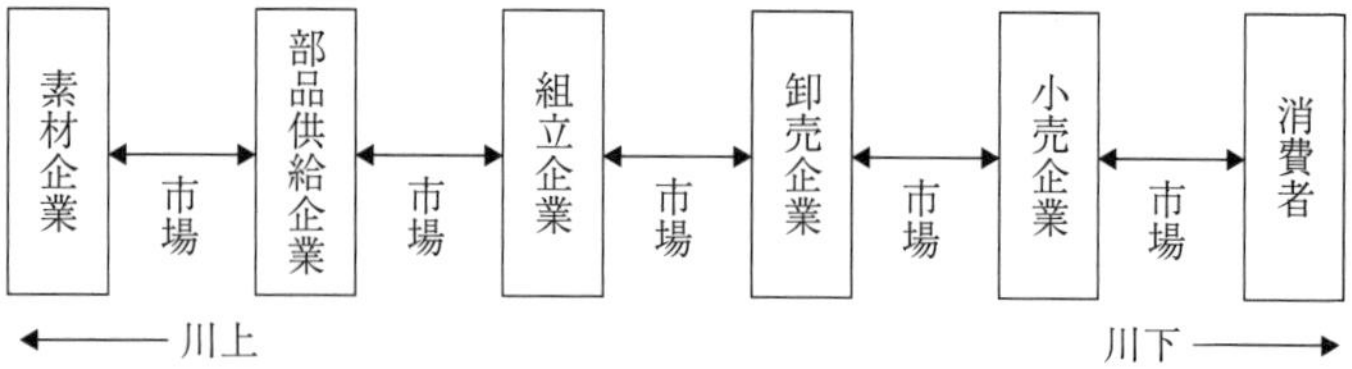

費のみを行うが、後者が再販売を行うことである。図表1－4のような垂直的な取引プロセスをサプライチェーンないしはバリューチェーンという。なお、顧客は消費者に限らない。顧客は売手からみて現在取引を行っている企業や消費者である。たとえば、トヨタはデンソーの顧客であるが、デンソーはニッサンと取引を行っていないので、ニッサンはデンソーの顧客ではない。

市場は自然発生的に生まれたり、先験的に存在するわけではなく、仲介企業がこれを創出している。ここで、仲介企業は流通企業や製造企業だけでなく、後述するプラットフォーム企業も含まれる（Spulber［1998］、中田［二〇〇二］）。情報の仲介企業は売手や買手の取引コストを節約するだけではない。ショッピングモールやサイトに見られるように、当初目的とした買い物以外の商品、サービスを購入することがある。これは探索コストを増やすことになるが、多様性やアメニティを提供している。したがって、情報の仲介企業は取引コストに関連している。サプライチェーンは次のような特色をもっている。

(1)　複数の取引当事者（製造企業、供給企業、消費者）は卸売企業、小売企業などの再販売企業、ないしは後述するプラットフォームを通して相互作用する。
(2) 各々の取引当事者の意思決定が他の取引関係者の意思決定に影響を及ぼす。これを外部効果という。

消費者以外の製造企業は製品を購入、製造、再販売する。流通企業は製品を購入し、再販売する。サプライチェーンは多段階の市場であるので、売手と買手の取引は、それ以外の参加者間の取引の影響を与えるという外部効果が存在する。例えば、市場取引では部品企業は組立企業との取引からの利益を考えるだけで、組立企業と卸売企業との取引には関心がない。これをワンサイドマーケット(one-sided market)という。ワンサイドマーケット(one-sided market)では部品企業は組立企業がどのような価格で誰に販売しようと関心がない。

しかし、例えばクレジット会社は加盟するユーザーだけでなく、どれだけの店舗でカードが使用可能であるかに強い関心を持つ。さらに、クレジットカードのユーザーはそのクレジットカードのネットワーク(どれくらいの店舗で利用できるか)を利用しているかに関心をもっている。これをマルチサイドマーケット(multi-sided market)という。サプライチェーンでは多かれ少なかれ、マルチサイドマーケットの性格をもつ。例えば、自動車の組立企業は地域の販売会社がどれくらい自動車を販売するかに関心を持つ。問題はどの程度関心をもつかである。

不完備情報の下で仲介企業は供給企業と買手に関する専門知識を獲得して、情報を顧客や部品や製品の供給企業に提供する。不完備情報から発生する取引コストに関連する要因に注目すると、企業は製品（モノ）のマッチングというよりも、情報のマッチングを行っている。ところが、製品とは違って情報はただ乗りされたり、多重利用されても減価しないので、価格付けをするのが困難になる。

仲介企業は製品の売買を通じて情報のマッチングを行っているが、情報の価格付けするのが困難であるので、顧客は商品情報と製品を分離して購入する。すなわち、顧客は商品情報をある小売店においてフリーで購入し、製品を低価格の小売店で購入するというブランド内での外部効果が発生する。同様に、ブランド間の垂直的な関係で他の供給企業のマーケティング活動にただ乗りするという外部効果が発生する。

外部効果はただ乗りにとどまらない。多段階市場のサプライチェーンでは、取引関係者は当該取引での利益を最大にする。例えば、製造企業は卸売企業との取引で部品段階や最終市場での取引を考慮することなく、当該取引で利益を最大にしようとする。その製造企業がそのサプライチェーン全体の利益を考慮する誘因はない。したがって、市場メカニズムによる調整は在庫の発生や外部効果が発生することになる。このような現象は多段階市場特有の外部効果である。

そこで、取引当事者はサプライチェーン内の企業間で調整する必要がでてくるが、契約を通じて情報を取引するには取引コストがかかるので、実行不可能である。このような調整を可能にするような取引ルール（ガバナンス）が構築される必要がある。そのために、サプライチェーンの中核企業（多くは製造企業）がサプライチェーンの一部を統合するか、サプライチェーン内の垂直的取引を制限する。統合とは資産を所有することであり、完全垂直的統合は取引に必要な資産すべてを中核企業が所有することである。これに対して、垂直的取引制限は中核企業がその資産の一部を所有することである。

デジタル化、モジュール化、インターネット化が発展するにつれて、情報の取引と商品・サービスの取引を分離することが可能になり、プラットフォームを媒介とする取引が行われるようになった。これについては以下の章で述べていく。

(2) 階層的ネットワーク

中核企業はサプライチェーンの企業間の取引を調整するために、統合（垂直的統合）したり、サプライチェーンの参加企業間の取引を制約する垂直的取引制限を行う。それによって取引が権限によってコントロールされるので、そのようなサプライチェーンは階層的ネットワークとなる。中核企業は流通企業の顧客への取引を制限することによって、流通企業間の価格競争を抑制して、販売サービス活動（非価格競争）を促進する。

垂直的取引制限の例として，中核企業は小売店の販売価格を制限し、販売サービス活動を促進する誘因を与える。また、中核企業はテリトリー制をとって販売地域を制限することによって流通企業間の価格競争を抑制する。さらには、専売店制は排他的な取引を流通企業に強制する。中核企業はこれらの制約を課すことによって、流通企業間の価格競争を抑制して、流通企業の販売サービス活動を促進しようとする。流通企業は価格競争が抑制されるので、超過利益を得ることができる。そのため、垂直的取引制限は流通企業の販売サービス活動を促進する誘因となる。このような垂直的取引制限は日本では特に卸売段階で顕著である。

統合すれば、多段階市場での取引は中核企業によって完全にコントロールされ、負の外部効果を抑制することができる。中核企業による垂直的取引制限は価格競争を制限する側面があるが、同時に負の外部効果を抑制する。例えば、製造企業と大規模小売店間の市場での取引を考えてみよう。大規模小売店は多くの製造企業から製品を買い取り、それを各店舗で消費者に再販売する。製造企業は大規模小売店への来店客数に関係なく、大規模小売店との取引価格と取引量に関心をもつ。消費者は大規模小売店と製造企業との取引には関心がなく、大規模店での店頭価格と品質に関心をもっている。したがって、サプライチェーンの企業が個々の取引で利益を最大化しようとすれば、サプライチェーン全体の利益は最大にならない。

そこで、大規模小売店が製造企業と取引価格、コミットする（必ず購入する）数量、返品条件を特定化した契約を結ぶとしよう。これによって、製造企業と大規模小売店は売れ残りの在庫についてリスクを分担することになる。製造企業が在庫の一部ないしはすべてを負担することによって、当該取引では取引対象とならない消費者のニーズ（外部効果）を考慮して意思決定を行う（内部化する）。このような契約は他の段階の取引の影響（外部効果）を当該取引に導入しているので、市場取引よりは改善される。

このような契約では製造企業は、大規模小売店への来店客数が販売と利益を最終的に決定するので、来店客数を考慮しなければならない。来店客数が増えると、売れ残りの在庫が少なくなって両者の利益が増える。さらに、大規模店が幅広い品揃えをすれば、消費者は来店するので、製造企業は大規模小売店と消費者の取引に関心をもつことになる。ウォルマートはリテールリンク・システムを通じて製造企業に在庫情報を提供しているので、製造企業はＰＯＳデータ、店舗毎の在庫をモニターすることができる。そのため、製造企業は製品の流通量を柔軟に選択することができる。

返品制を取り入れた契約やウォルマートのリテールリンク・システムは多段階取引における負の外部効果を抑制している。しかし、返品制によって流通企業は商品の売れ残りのリスクの負担が小さくなるので、販売努力をしないかもしれない。また、あらかじめ売れ残りのコストが消費者への価格に転嫁されて、販売価格が高くなる。垂直的取引制限のような取引ルールは一つの側面だけをみるのではなく、多面的な側面を考慮して評価しなければならない。

第三節　大量生産・販売時代のマーケティング

(1) 産業資本主義

産業革命はこれまで二回あり、一九八〇年代にアメリカでおこったＩＴ（information and communication technologies）革命を入れると三回になる。まず、一八世紀後半にイギリスから始まった繊維工業の機械化が最初で、二回目は一九世紀後半から二〇世紀に前半にかけてアメリカで始まった重化学工業を中心とした技術革新である。これを産業資本主義という。ＩＴ革命が進展している社会を高度サービス社会、ポスト産業資本主義社会、情報化社会ともいわれている。

産業資本主義が最初の産業革命とは大きく異なる点は、大規模な設備への大規模投資が行われていることである。それによって規模の経済と範囲の経済を利用して大量生産が行われ、生産性が飛躍的に上昇した。規模の経済はできるだけ少ない品種で大量生産を行って、単位あたりの生産コストが低下することである。範囲の経済は、多数の品種の製品を同時に生産することによって生産コストが低下することである。

製造企業は、大規模設備へ投資をすると固定コストが増大するので、設備の稼働率を高く維持しなければならない。また、製造企業は原材料の仕入れ、生産、在庫の管理、販売の計画と実際に行われる活動を調整する必要がある。そのためには製造企業は部品の生産段階の組織化、販売段階の組織化への投資が必要になる。このような部品調達、製造、販売を調整するには関係特定的な資産（労働者の技能、技術者の開発力、経営者の企画力）への投資が不可欠となる。規模と範囲の経済は生産設備の物理的な特徴によるが、これを実現するための知識、情報、熟練は企業に特有で、企業に関係特定的である。

このような特色をもつ産業資本主義社会では最終的に消費者への販売によって投資を回収しようとするが、サプライチェーンでは前述の負の外部効果が発生する。また、関係特定的な投資が行われるにつれて、多くの製造企業は取引コスト（前述の取引コストで(2)の取引コスト）を節約しようとする。そのために、製造企業は部品製造、組立、流通に必要な資産を購入して、サプライチェーンの一部を統合するので、中核企業の組織が拡大していった。中核企業はサプライチェーンの参加企業を権限によってコントロールする階層的ネットワークを構築した。

大量生産、大量販売システムに必要な資産は物的資産と人的資本からなる。これらは譲渡可能なものと譲渡不可能なものに分かれる。物的資産はかなりの部分が譲渡可能である。しかし、人的資本は譲渡不可能である。技能や熟練といった知識や情報は人から分割不能であるので、ある人が持っている知識が企業にとって利益をもたらすのであれば、企業はその人と長期雇用契約を結ぶ。しかし、I

T革命によって人から分割不能であった知識、情報の一部がコンピュータ・ソフトに代替され、売買できるようになった。

(2) マーケット・セグメンテーション

これまでは市場という言葉を使ってきたが、市場は多くのセグメントからなる。セグメントは類似したニーズをもつ顧客の集合である。企業はセグメント毎にマーケティングを行っている。すなわち、企業はセグメント毎に製品、販売チャネル、販売促進、価格を組み合わせたマーケティング・ミックスを行っている。これをマーケット・セグメンテーションという。あるセグメントの顧客は、企業がそれと異なるセグメントのマーケティング・ミックスを変更しても反応しない。すなわち、競争はセグメント毎、したがってブランド毎に行われている。

マーケット・セグメンテーションの原型は一九二〇年代のGMの戦略である。GMはフォードによるT型フォードの大量生産に対抗して、顧客の予算やニーズに応じて製品を多様化（シボレー、ポンティアック、オールズモービル、ビュイック、キャデラックの五つのタイプ）し、フォードを圧倒した。それ以来多くの自動車製造企業だけでなく、多くの企業はマーケット・セグメンテーションを行って製品多様化政策をとり成長した。

市場では仲介企業によってセグメント毎に製造企業と顧客が架橋される。企業はセグメントについて正確な情報をもっていない。また顧客のニーズは常に変化するので、セグメントはダイナミックである。企業は競争的優位性をもつには市場セグメントについての正確な情報を収集し、顧客のニーズを満たすようにマーケティング・ミックスを調整しなければならない。

第四節　高度サービス時代のマーケティング

(1)　情報処理革命（ＩＴ革命）

一九八〇年代のＩＴ革命は、大量生産・販売の特質をもつ産業資本主義社会から高度サービス社会（ポスト高度産業社会）へと大きな構造変化をもたらした。まず、ＩＴ革命はデジタル化、インターネット、モジュール化の進展をもたらした。デジタル化は複雑な情報を〇と一の離散的な単純な信号として処理できることである。情報をデジタル信号に変換すれば、その後の処理は目的に応じて容易にコピーできる。インターネットの普及とブロードバンド化は大容量の情報を低コストで世界中どこへでもオンラインで通信できるようになった。モジュール化はシステム全体を半自律的なサブシステムに分解すると同時に、サブシステム間を一定のルールによって連結することにより、より複雑なシステムまたはプロセスを構成することである。

製品や部品だけでなく知識や情報もモジュール化されている。デジタル化によって情報が媒体から分割化され、譲渡可能になった。今まで人間が努力して獲得したノウハウ、熟練といった企業や取引に関係特定的な知識の一部はソフトウェアに置き換えることができるので、市場で購入できるようになった。多様な顧客を仲介する情報仲介企業が伝統的な流通チャネルに大きな影響を及ぼしている。情報と製品それ自体が分離可能になり、後述するようにプラットフォームが情報の仲介をし、製品は製造企業と顧客間で直接取引されるようになった。このように、IT革命は流通、マーケティングに大きなインパクトを与えている。

例えば、アマゾンなどのオンライン小売企業、マイクロソフトやアップルなどのOS（オペレーティングシステム、基本ソフトウェア）のソフトウェア企業、ゲームのソフトウェア企業、検索エンジンのグーグル、携帯電話やスマートフォンのネットワーク・オペレーター（例えば、NTTドコモ）、ショッピングモールなどはプラットフォーム企業といわれる新しい情報仲介企業である。

IT革命によっては製品や技術がモジュール化されると同時に、一部がオープン化された。この例はIT関連製品、アパレル、金融商品、ゲノム、新しいエネルギー開発などの分野である。大量生産時代では中核企業内かそのグループ内においてクローズドで開発、生産されていた。この例は自動車産業である。

現在、日本経済が低迷している大きな原因の一つは製造企業（大企業）のものづくりシステムが大きく変質して、情報化社会への適応が不完全であることである。日本のＧＤＰの大半（六八％）はサービス部門、特にソフトウェア、サービス業、ロジスティックス、情報サービスなどである。その分野ではイノベーションが大きな課題となっている。これについては以下の章で分析することにしよう。

(2) ビジネスモデルとは何か

ビジネスモデルは産業革命によって大きく変化してきた。以下でビジネスモデルについて考えてみよう。ＩＴ革命によってビジネスモデルのイノベーションがおきた。ビジネスモデルは企業がどのように活動して、どのようにして価値を創造するかについてのロジックである（Casadesus-Masanell and Richart [2009]）。ＩＴ技術の進化に伴って、最近ではビジネスモデルのイノベーション（中田［二〇〇九］）に関心が向けられるようになった。多数のｅビジネスは新しいビジネスモデルである。

ビジネスモデルと類似した概念として戦略がある。戦略はどのようなビジネスモデルを選択するかについての条件付きプランである。条件付きプランとは戦略がライバル企業や環境によって変化することである。ビジネスモデルと戦略の違いとしてビジネスモデルは観察できるが、戦略は必ずしも観察可能ではない。複雑な要因が競争状況を決定するからである。ビジネスモデルは実現する戦略を包括的に反映している。戦術は行動のプランであるが、その選択範囲はビジネスモデルによって規定さ

図表1-5　ビジネスモデル

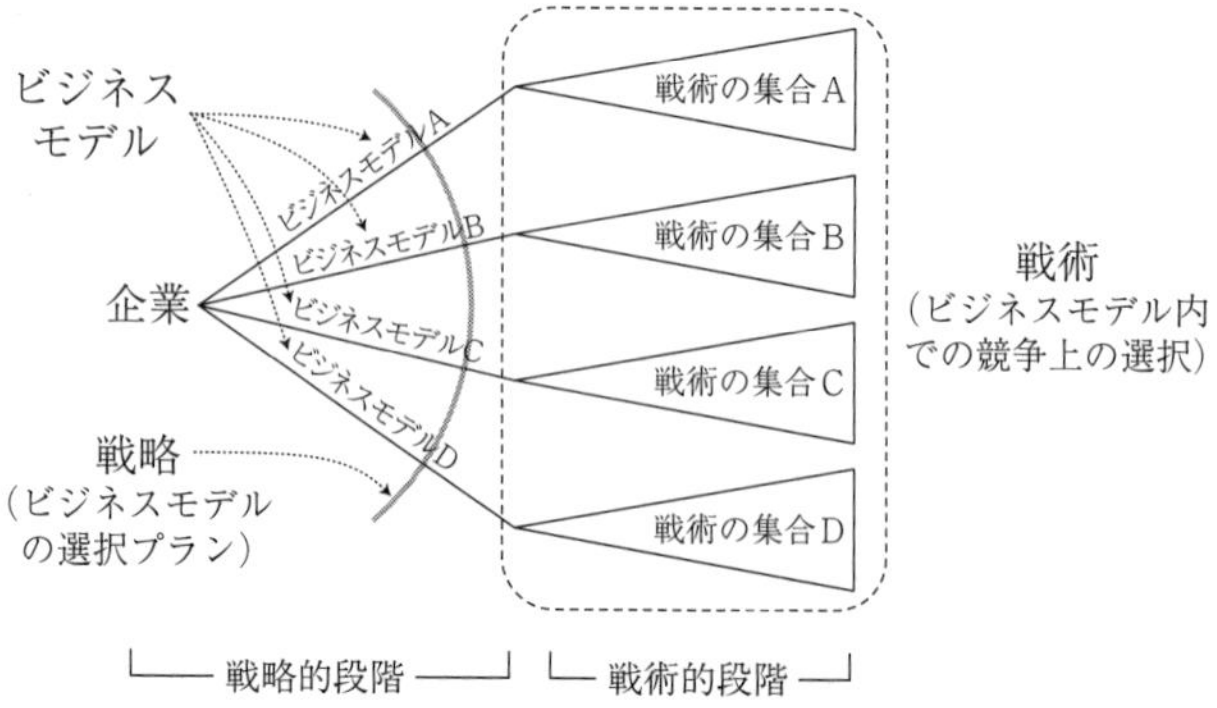

（出所）Casadesus-Masanell and Richart［2009］

れる。前述のマーケティング・ミックスはビジネスモデルの戦術である。図表1－5はビジネスモデル、戦略、戦術の関係を示している。

ビジネスモデルは企業がどのように活動しなければならないかについて戦略の選択とその結果からなる。この選択は政策、資産、ガバナンスについて行われる。政策は企業が事業活動についての行動方針である。資産は事業活動に必要な有形、無形の資産である。ガバナンスは交換が組織内、または市場、またはプラットフォームで行われるかについての取引ルールである。交換が組織内で行われれば、権限によって、市場であれば価格メカニズム、プラットフォームであれば競争と協調によって資源配分が行われる。

企業が政策、資産、ガバナンスを選択すれば、その結果が生まれる。例えば、大量生産は製品の低価格戦略の結果であり、高価格戦略に変更すれば、売上は低下する。

図表1-6　ホンダのビジネスモデル

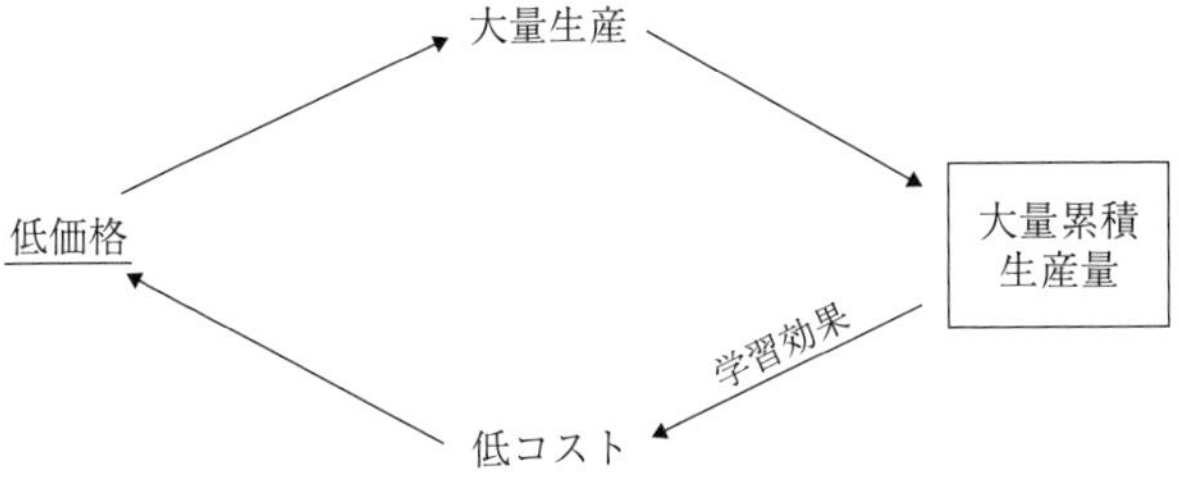

（出所）Casadesus-Masanell and Richart［2009］

価格は容易に変更できる。しかし、企業文化は選択によって徐々にしか変化しない。例えば、インテルやマイクロソフトは、ＭＰＵやＯＳの価格戦略によって組立企業がＰＣに組み込んだり、インストールする数量を操作しようとするが、その変化は緩慢である。

大量生産・販売システムのビジネスモデルとしてホンダのそれをみてみよう。それは図表１－６に示されている。ホンダはバイクで低価格を選択し、その結果は生産量と累積生産量の拡大となり、低コストが実現する。低コストはさらに低価格の選択（図表１－６の下線部分）となる。低コストはホンダのビジネスモデルの結果である。このサイクルが再生産され、コストが下がると、ホンダは低価格戦略を維持できる。サイクルが軌道に乗ると、それを止めることが困難であるので、低コスト政策は非可逆的になる。このサイクルが企業の目標を達成していれば、このビジネスモデルは好ましい。

次に、プラットフォーム企業のビジネスモデルの例として一九九〇年代中頃のマイクロソフトのビジネスモデルを見てみよう。これは図表１－７に示されている。マイクロソフトはＯＳの販売から利

図表1-7　マイクロソフトのビジネスモデル

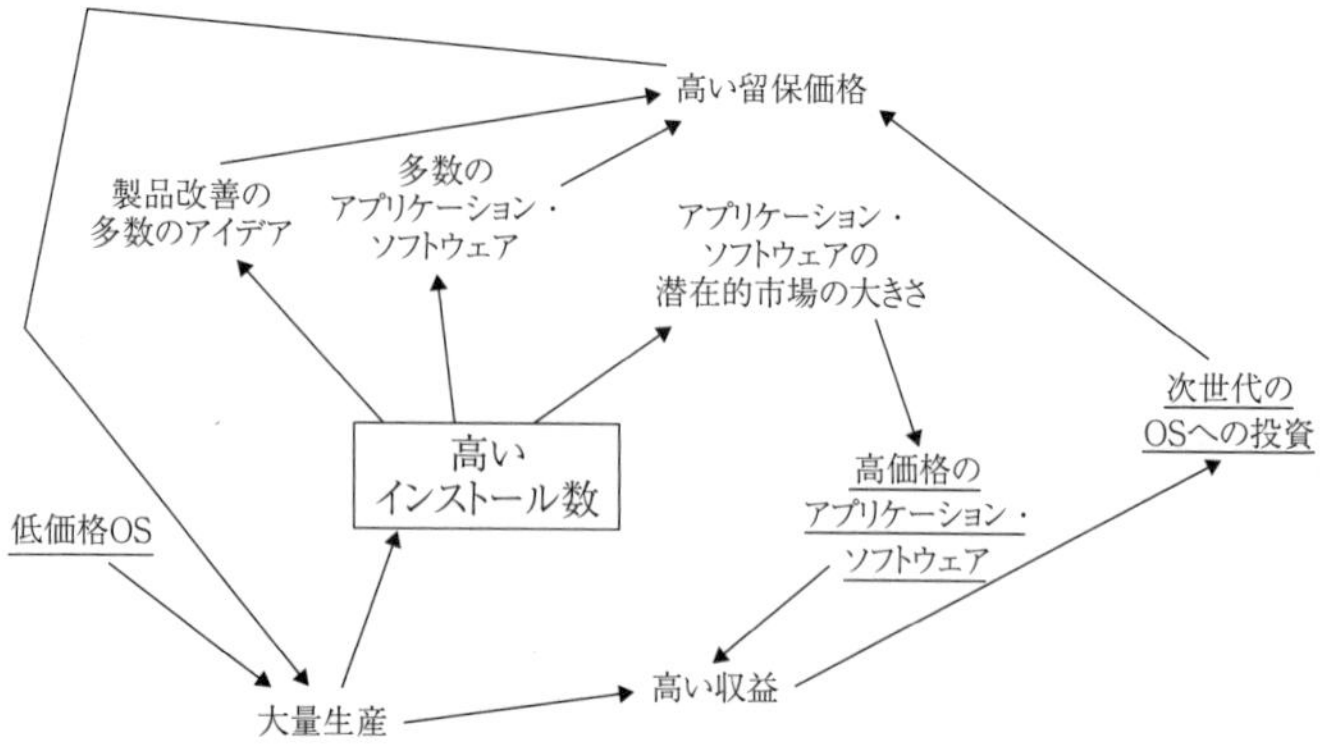

（出所）Casadesus-Masanell and Richart［2009］

益を得ている。以下で明らかにするが、ＰＣの組立企業がＯＳを組み込んで販売しているので、マイクロソフトはそのＯＳがインストールされる数量を最大にすることによって利益を得ようとする。そのために、アプリケーション・ソフトウェアの拡充、アップグレードを行うことによって、消費者が支払ってもいいと考える価格（留保価格）を高くしようとする。

マイクロソフトのビジネスモデルの選択に関係する要因は、次世代のＯＳの開発への投資、ＯＳ価格の低価格化、アプリケーション・ソフトウェアの高価格化（図表１－７の下線部分）である。組立企業によるマイクロソフトのインストールの数量が増大すると、この当時のアップルやＩＢＭのような競争相手はキャッチアップできなくなる。

ホンダのビジネスモデルとマイクロソフトのそれとは大きく異なっている。ホンダとそのグループ企業が低コストのバイクの開発をクローズドで行っている。これに対し、マイクロソフトはハードウェアやソフトウェアの多数のデベロッパーによる開発を促進して、組立企業によるPCの販売の拡大を通じて利益を得ている。後述するように、マイクロソフトのプラットフォームはクローズドであるが、アクセスはオープンである。

(3) マーケティング戦略の変化

高度サービス社会では製造業中心のマーケティングとは異なるマーケティングが行われている。まず、産業構造が製造企業のような大企業を中核とする階層システムから、多数の企業、組織、個人が参加するビジネス・エコシステム（以下エコシステムという）へと変化している。経営学の分野では個々の企業が分析単位であったが、高度サービス時代ではエコシステムにおけるプラットフォーム企業とその参加者が分析単位となっている。エコシステムでは多数の参加者が活動しているので、その活動を調整するプラットフォーム企業が登場する。エコシステムは複数のプラットフォーム企業とそれと補完関係をもつ参加企業や個人からなる。プラットフォームは情報を仲介している。

大量生産、販売時代のマーケティングは単一市場がターゲットであった。多角化が行われていたが、複数市場間の相互作用は小さかった。そのビジネスモデルは基本的に単一市場（同一の顧客グループ）でマーケット・セグメンテーションを行って資源を集中した。しかし、プラットフォーム時代のビジネスモデルは複数の市場（異なる顧客グループ）をターゲットとしている。したがって、ビジネスモデルの課題は、複数の市場間の相互作用（第三章で述べるように間接的ネットワーク効果）をどのように調整して価値を創造するかである。ある市場での戦略が他の市場に影響を与えるのである。

プラットフォームへ参加者を誘引するために、程度の差はあるがその企業のビジネスモデルはオープン化を志向する。大量生産・販売時代のビジネスモデルはクローズドであるので、イノベーションは大規模製造企業内で行われていたが、情報技術の進歩によってイノベーションが分散化した。小規模ないしはベンチャーがイノベーションを行うことができるようになった。さらに、ユーザーやコラボレーションによるイノベーションが行われるようになった。IT革命によって製品システムを構成するサブシステム（次章で述べるようにモジュール）のイノベーションが製品のイノベーションのテコとなって、そのスピードが加速した。その結果、カスタマイゼーションが容易に行われるようになり、小さなセグメントへのニーズに対応でき、多様なニッチ製品の需要が増大している。

IT革命によってビジネスモデルが変化すると、当然、戦略や戦術も変化する。特に、マーケティング・ミックスが変化している。新興国の成長に伴い、先進国の企業は機械や設備など資本集約的な投資よりも、知識・情報集約的な投資を行う。マーケティング・ミックスでは製品はハードウェア（モノ）からソフトウェア（情報）が大きなウェイトを占めるようになる。マイコンないしはコンピュータが製品に埋め込まれ、機能をコントロールするようになった。大量生産、販売時代では中核企業が製品を自前で生産、販売していたが、プラットフォーム時代には多数の企業、組織、個人が製品のサブシステム（例えば、部品やソフトウェア）を生産している。しかも、これらの参加者は世界各地に分散している。先進国では多数の企業がデザインの開発に集中し、生産を新興国で行うようなグローバル化が進行した。

販売チャネルについては大量生産、販売時代では製品と情報が一体となって店舗で販売されていた。しかし、プラットフォーム企業は情報と製品を分離して情報の仲介を行って、製品は売手と買手間で直接販売されるようになった。典型的にはインターネット通信販売（ネット通販）が急速に増大している。インターネット通信販売が店舗販売に代替するというのではなく、販売チャネルが多様化しているのである。プラットフォーム企業から見ると、消費者だけでなく納入企業、およびハードウェアやソフトウェアのデベロッパーも顧客である。

プラットフォーム企業は複数の市場で相互作用しているので、ある顧客グループの需要が他の顧客グループのそれにプラスの影響を与えるような価格戦略をとる。そのために、ある顧客グループに対してプラットフォームの利用価格を変える。例えば、グーグルのように、検索ユーザーのプラットフォーム利用価格をゼロにして他の顧客（例えば、広告主を誘引する）を誘引し、その顧客から利用料を得ている。ユーザーのネットワークが大きくなれば、他の顧客がユーザーに対して広告を出す。しかも、その広告料は成果（クリック数）に連動するので、規模の小さい企業が広告を出すことができる。

プラットフォームは、ユーザーや納入企業にデータを提供することによって顧客の取引コストを節約している。また、それは売手と買手の双方向のコミュニケーションを促進する。IT革命以前でも双方向のコミュニケーションは可能であったが、オンラインではなく、時間がかかった。プラットフォーム時代のマーケティングはセグメントから個人をターゲットとすることができる。

ブランドは、高度サービス時代でも企業と消費者の間に情報の非対称性がある場合には消費者の取引コストを節約する。それだけでなく、消費者がIT革命によって低コストで大量の情報を収集できるが、それらの情報が消費者の情報処理能力を超えることがある。このような場合，ブランドは消費者の購買行動に大きな影響を与える。

第二章　モジュラー型デザインの時代

第一節　デザインのイノベーション
第二節　モジュラー・アーキテクチャ
第三節　エコシステム
第四節　日本におけるモジュール化

第一節　デザインのイノベーション

(1) 人工物の進化

ＩＴ革命とネットワーク社会の進展とともに、製品やサービスがデザイン（設計、以下ではデザインという）の観点から分析するようになった。分析の焦点は製品を機能の束と捉えて、機能をどのように組み込んでいくかというデザインの問題にある。そのため、製品やサービスが人工物（architect）という視点で捉えられるようになった。人工物は以前になかった新しい機能を単独で提供するだけでなく、既存の人工物を改変しながら進化している。それは特定の人間活動に直接的、間接的に役立つことを目的としている。人工物は次の三つのいずれか、または両方のパターン、ないしはすべてで進化してきた（奥野他［二〇〇七］）。

(1) 新しい機能を付加すること。
(2) 精度を上げること。
(3) 機能をバンドル化（統合化、bundle）したり、アンバンドル化（分離、unbundle）すること。

ＩＴ革命以前の人工物は人間の命令を忠実に実行することであって、人間に代わって条件を判断して最適な活動を選択するという情報処理活動自体を行うことは不可能だった。人工物は科学技術の発展、科学や工学知識の蓄積によって複雑化してきたが、二〇世紀後半以降、急速に発展したコンピュータによる情報処理革命はそれまでの発展とは大きく異なっている。

現在では情報処理革命によって、かつて人間が行ってきた情報処理活動のかなりの部分がコンピュータに代替された。このようなイノベーションは第三次産業革命、IT革命、情報処理革命ともいわれている。このような変化を可能にした要因はデジタル化やモジュール化の進展、メモリー容量の大規模化と情報処理のスピードアップ、およびインターネットの進化（ブロードバンド化、高速化）である（Baldwin and Clark [2000]、中田［二〇〇二］）。このようなイノベーションによって、あらかじめ条件ごとに定義された最適行動プランをプログラムに組み込んで、製品やサービスの機能が効率的に働くようになった。

コンピュータによる情報処理は与えられた条件の下で、有限の選択肢間で優位性の比較を行い、その中でもっとも望ましい選択肢をシステムに実行させることができる。この場合には、そのような情報処理は事前に実行プログラムを指定する必要がないので、選択肢の中で状況に応じて最適な活動を実行することができる。しかし、コンピュータの処理能力の制約があるので、比較可能な選択肢の数は限られている。

コンピュータによる情報処理革命は人間による情報処理をかなりの部分で代替すると同時に、その情報処理活動の領域を拡大した。さらに、コンピュータは情報処理をスピードアップするとともに、低コストで行うことができるので、製品やサービスの内部に組み込まれる。その結果、ソフトウェアがハードウェアをコントロールするようになったので、機能やコストの観点からソフトウェアが大きなウェイトを占めるようになった。このような製品システムの開発と個々の部品の開発をどのように調整し、統合するかはイノベーションに大きな影響を与える。

製品やサービスの複雑化（複合化）は複数の機能をバンドル化方向と、専門的な技術を導入して機能を分離するアンバンドル化する方向で行われる。これら二つの方向は相反するようにみえるが、コインの裏表の性格をもつ。バンドル化は製品レベルでは複数の機能を付加するので、新製品開発の余地が拡大する。バンドル化は複数の市場間での取引（後述するプラットフォーム通じて）を促進する。アンバンドル化は製品の内部構造を一定のデザインルールに基づいて分解する。

情報処理革命によってシステムが相互に関連するサブシステムに分解できるようになった。人工物という全体システムはサブシステムである多数のモジュールからなる。モジュールはできるだけ他のモジュールと相互作用しないように機能を分解した単位である。このようにして、人工物はいくつかの基幹部品であるモジュールに分解していくので、産業構造は多段階のレイヤ（layer）からなるシステムとなる。

(2) デザインのアーキテクチャ

人工物のデザインは人工物システムの機能要素と構造要素を一定のルールによって分割し、再統合することである。すなわち、デザインは製品の生産・販売・使用に先立って、そのシステムの使用者にとって意味のある機能要素群を特定し、同じシステムを部品、モジュールなどのように分解可能な構造要素群に分割し、機能要素間、構造要素間、そして機能要素群と構造要素群の対応関係を決めることである（藤本［二〇〇七］）。このようなルールがデザインルールである。

システムの複雑化は、システムを構成する要素の数と、要素間の関係の数が増加することである。したがって人工物が複雑であることは当該製品の機能要素（要求仕様など）、構造要素（部品など）、機能要素間の対応関係のうち、いずれまたはすべてが構造要素間の対応関係、構造要素と機能要素の間の対応関係が多いことである。アーキテクチャ（基本設計構想）は人工物の複雑性をその機能・構造の分解・結合関係によって表現している。

図表2－1は人工物のアーキテクチャである。全体機能が下位機能に分解され、その機能とその部品構造とが対応している。アーキテクチャによって、これらの要素間の関係が明らかにされる。アーキテクチャは、一方の極にモジュラー・アーキテクチャ、その反対の極にインテグラル・アーキテクチャに二分することができる。

図表2－2に示すように、モジュラー・アーキテクチャは機能（F、F_1、F_2、f_1、…、f_5）間、部

図表2-1　人工物のアーキテクチャ

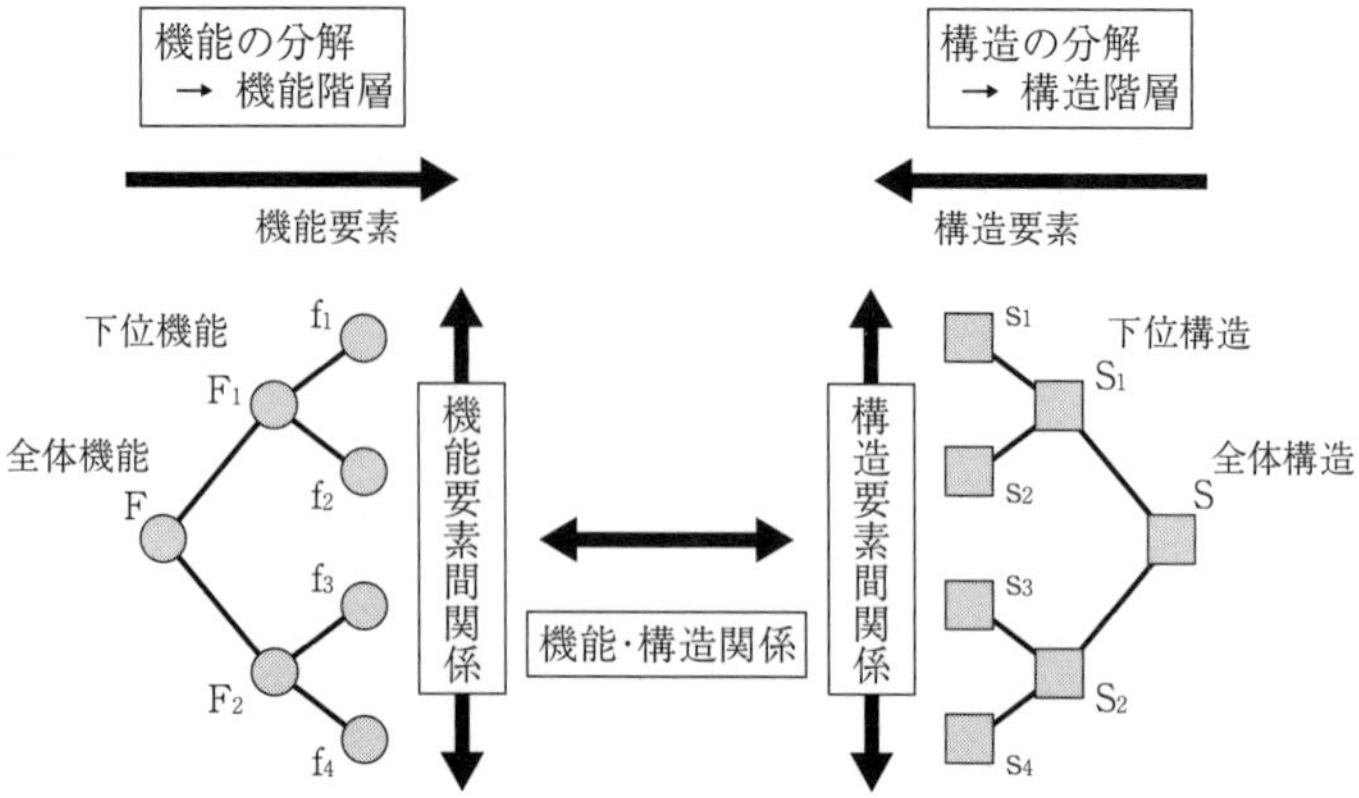

（出所）藤本［2007］。

図表2-2　モジュラー・アーキテクチャ

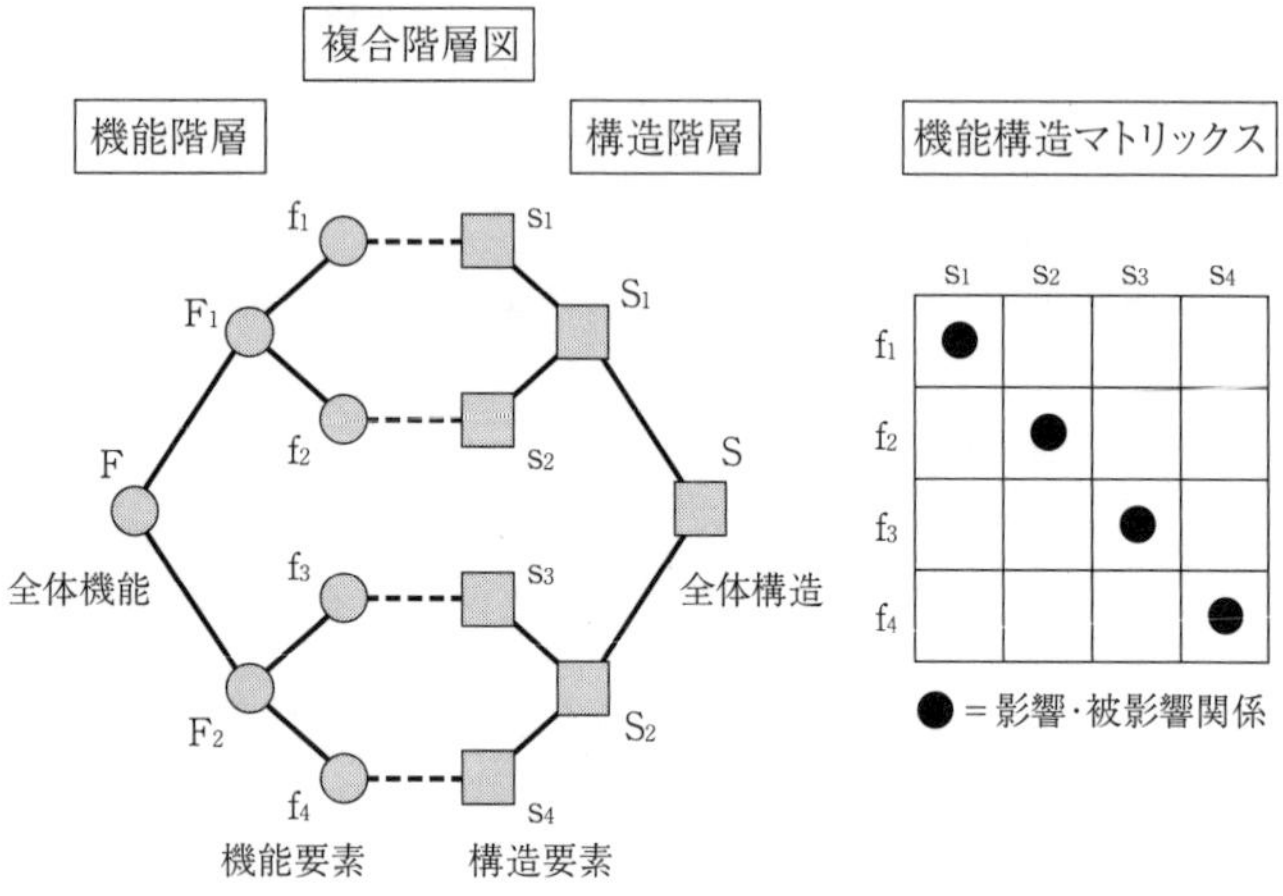

（出所）藤本［2007］。

図表2-3　インテグラル・アーキテクチャ

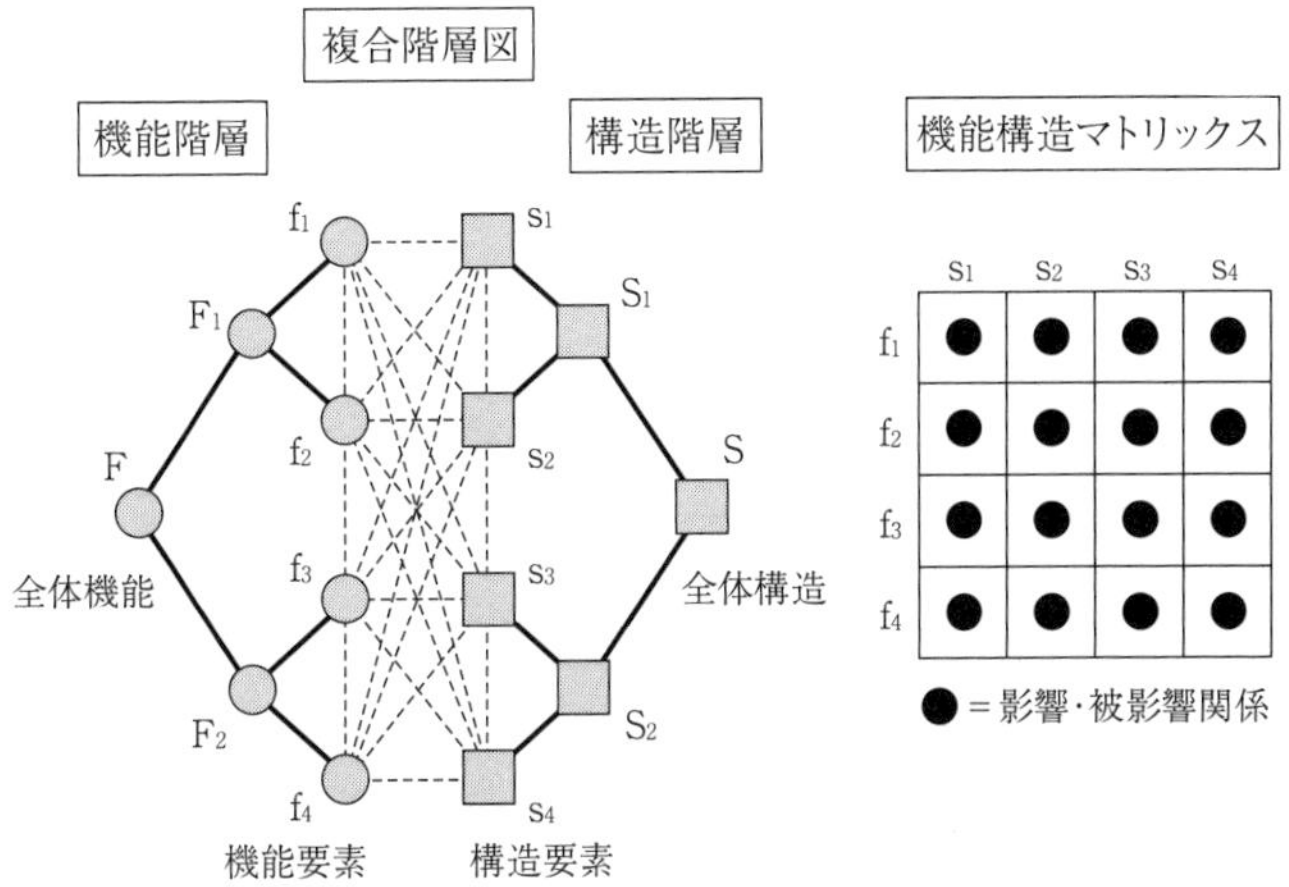

（出所）藤本［2007］。

品（S、S_1、S_2、s_1、…、s_5）間、機能と部品間に相互作用がない。機能と構造が一対一の関係にあるので、機能構造マトリックスは図表2－2の右のようになる。それぞれの部品がカプセル化され、他の部品の中身を十分知らなくても、インターフェイスが共有されているので、当該部品を開発、生産できる。また、部品は標準化されている。例えば、デスクトップのパソコンでは入力機能はキーボード、メモリーはハードディスク、画像はディスプレイ、情報処理はCPUというように、機能と部品がほぼ一対一に対応している。

一方、インテグラル・アーキテクチャは機能間、部品間、機能と部品間の相互作用が存在する。機能と構造が多対多の関係にあるので、図表2－3のようになる。部品間でさまざまな相互作用があるので、部品を標準化するのが困難である。例えば、自動車の主要機能は走行安定性、快適さ、燃費などである。走行安定性はボディ、サスペンション、エンジンなど関連している。快適さや燃費もボディ、サスペンション、エンジンなどに関連している。主要機能がボディ、サスペンション、エンジンなど部品の相互作用によって生み出される。これは図表2－3に示されているように、機能と構造が多対多の関係にある。

第二節　モジュラー・アーキテクチャ

(1)　モジュール化

モジュラー・アーキテクチャはシステム全体を相互作用が少ないか、まったくないようなモジュールの集合に分解して、それぞれのモジュールがどのように相互に機能するかを特定化するデザインルール（標準）を作りだす。したがって、モジュラー・アーキテクチャはモジュール内で相互依存関係が強く、モジュール間では独立しているような要素に分解し、それらを全体システムとして再統合するデザインルールをもつ。モジュールはそれぞれ独立しているので、モジュール内の変化はそれ以外のモジュールには影響を及ぼさない。これを情報隔離（information hiding）という（Baldwin and Clark

［2000］chap. 3、中田［二〇一二］）。情報隔離があるためにシステムの環境の小さい変化が全体のシステムに影響を及ぼして、システム全体は機能不全になるリスクが減少するので、環境に適応し易くパフォーマンスが向上するように進化していく。

ユニークな知識は価値のある製品またはプロセスをつくるために必要であるので、その知識のコントロールが利益の源泉となる。その知識を他者が利用できない場合に、それは財産権となる。人間の認知能力は限られているので、知識は専門化される。複雑な製品またはプロセスのデザインの主要な課題は、タスクとそれに関連する知識を分解して、それに関心を持つ組織や個人が問題解決できるように、知識をコミュニケートし共有することである。システムのアーキテクチャがデザインルールとなって下位問題をコントロールする。

システムをモジュール化できなければ（インテグラル・アーキテクチャ）、すべてのデザイナーは他のデザイナーが何をしているかについての知識とロジックを共有しなければならない。このケースでは情報が完全に共有されているので、システム・アーキテクチャは必要ではない。しかし、モジュラー・アーキテクチャは下位問題が独立のモジュールに分解するので、あるモジュール間のインターフェイスを共有しなければならない。各モジュール・デザイナーはデザインルールを守る限り、多数のモジュールはシステム全体として機能する。

モジュール化は自然発生的に生まれるのではなく、システム・デザイナーが人工的に作り出した技術システムである。どのようなモジュール化の構造を選択するかは物理的法則や知識の制約を受けるが、システム全体がある程度分解され、それぞれのサブシステム（モジュール）で分業が行われていることが多い。その意味では多くの複雑な技術的システムは多かれ少なかれモジュール化されている。しかし、同じシステムであっても、組織によってモジュールの境界は異なっている。

モジュール化は企業間の競争に影響を与える。モジュール間の取引には長期継続的ではなく競争メカニズムが機能するので、モジュールの代替性が働き、製品やシステムの模倣が容易になる。一方ではイノベーションが加速されるので、模倣を上回る可能性がある。モジュール化はモジュール間の相互依存性を排除するので、モジュールの複雑性が減少する。その結果、デザインが単純になるので、模倣が容易になる。一方、モジュール間の相互依存関係がないので、モジュールのデザイナーはモジュールレベルの実験や問題解決に集中できる。

(2) 情報技術の進歩

モジュール化はイノベーション活動を分散化した。モジュール化によって製品レベルのイノベーションはモジュール（部品や知識）レベルのイノベーションによって引き起こされる。その結果、製品のイノベーションが分散化すると同時に加速する。

モジュラー・アーキテクチャはイノベーションの分散化の必要条件であるが、十分条件ではない。

しかし、情報技術の進歩がモジュラー・アーキテクチャをサポートすると、イノベーションのコストが低下する。組織デザインは時間的、空間的、技術的な制約を受けるが、特にコミュニケーションと情報処理の技術の影響を受ける。これらのイノベーションにより、組織内の適応的調整をリアルタイムに行うことができるようになった。組織はこれらを使って、大量のデータを低コストで、スピーディーに処理できるので、多数の技術、部品、製品の新しいアイデアを実験することができる（Baldwin and von Hippel [2010]、中田［二〇一〇]）。

情報処理コストが低下すると、物理的なプロトタイプを作らなくてもデザイン変更の影響をシミュレートできるので、新しいデザインの評価がスピーディーに行われる。同時に、デザイン全体を変更しないで、モジュールのオプションを実行することができる。情報処理やコミュニケーションのコストが低下すると、デザイナーやエンジニアは技術的なシステムのアーキテクチャをモジュールが全体に適合するようにコード化して、個々のモジュールとアーキテクチャで実験やシミュレートすることができる。情報処理コストが高いと、これらは実行可能ではない。このように、二〇世紀後半における情報技術の進歩による情報処理コストとコミュニケーション・コストの低下はモジュール化の進化を促した。

製品・サービスのデジタル化は、図表２−４のような四つのレイヤ化とそれぞれのレイヤの独立化を促進した。その四つのレイヤはデバイス、ネットワーク、サービス、コンテンツである。デバイス

図表2-4　デジタルサービス・アーキテクチャ

コンテンツ・レイヤ
サービス・レイヤ
ネットワーク・レイヤ ロジカル・トランスミッション 物理的トランスポート
デバイス・レイヤ ロジカル・デバイス（OS） フィジカル組織

（出所）Yoo *et al.*［2010］.

（ハードウェア）・レイヤは物理的な組織のレイヤ（例えば、テレビ、PC、スマートフォーンなど）と論理的能力レイヤ（OS）に分解される。OSはデバイスをコントロールする。ネットワーク・レイヤは、物理的なトランスポート・レイヤ（ケーブル、無線、送信装置など）とロジカル・トランスミッション・レイヤ（TCP/IPのようなネットワーク標準など）に分解される。サービス・レイヤは直接ユーザーと相互作用し、ユーザーはインターネットからダウンロードして、コンテンツを受け取ることができる。コンテンツ・レイヤは所有権、著作権、コード化、タグなどに関連している。

アナログ技術では図表2－4の四つのレイヤがタイトに結合され、各レイヤは垂直的統合されていた。これはインテグラル・アーキテクチャである。しかし、デジタル化によってこれらのレイヤはモジュール化され、独立して機能するようになった。その結果、コンピュータが多数の製品に埋め込まれ、これまで人間が判断していた最適化活動を限定的ではあるが、コンピュータが代替した。

第三節　エコシステム

(1)　プラットフォームとは何か

技術的システムは要素からなり、要素はモジュールとデザインルールである。モジュールは最終製品の部品として存在し、デザインルールはモジュールがどのように設計されるかを決定して、各モジュール間の機能とその制約を規定する標準である。

モジュールはコアの要素とオプションの要素からなり、それらの要素は補完的な関係にある。しかし、補完性の程度は異なる。コアの要素がなければ、システムは機能しないが、オプションの要素がなくても機能する。コアの要素が欠けてもPCは機能しない。ウィンドウズとMPUは同じレベルで相互に補完的であって、どちらが欠けてもPCは機能しない。ウィンドウズとメディアプレイヤーは補完的ではあるが、その程度は同じではない。メディアプレイヤーはウィンドウズがなければ機能しないが、ウィンドウズはメディアプレイヤーがなくても機能する。

オプションの要素について創造的な問題解決者の利益は、コアの要素の所有者の数が多いほど小さくなるので、外部の自律的なイノベイターの参加する誘因は小さくなる。コアの要素の所有権を集中すれば、それを分割する場合よりも外部のイノベイターが投資する誘因を増やすことになる。そこで、システムは技術的なシステムの要素集合を二つのグループに分解するのが効率的になる。第一はコアとなる要素の集合からなるプラットフォームであり、第二はそのプラットフォームに補完的なオプションのモジュールの集合である（Baldwin [2012], Baldwin and Woodard [2011] p.25）。

コアとなるモジュールの所有者はシステム全体から得られる利益の配分について、オプションの要素の所有者に対して交渉力を持つ。コアとなる要素が欠けると、オプションの要素が機能しないからである。そこで、プラットフォーム企業がシステムからの利益の配分を優先的に得て、その残余の利益をオプションのモジュール企業が得る。

コアとなる要素の集合がプラットフォームであるので、プラットフォームは長期的に安定的である。これに対して、オプションとなる要素はプラットフォームに補完的であるが、代替可能であるので変動的である。ＰＣではＯＳとＭＰＵがプラットフォームであり、周辺ハードウェアやアプリケーション・ソフトウェアはオプションの要素である。インターフェイスはオプションとなるモジュールの境界を規定すると同時に、モジュール間の相互依存関係を希薄にするので、プラットフォームの重要な要素である。

プラットフォームの要素を分割して所有することは、一般的には効率的ではない。そこでプラットフォーム企業は、これらの要素を統一的に所有する。コアの要素を分割したケースはＩＢＭのＰＣである。IBMはMPUをインテルに、OSをマイクロソフトに分割した。IBMはデザインや技術的理由からコアの要素を分割所有させたのではなく、早急にPCを開発する戦略をとったためである。結果的にはIBMのPC事業にとってこの分割は失敗であった。

(2) モジュール化のプロセス

モジュール化は自然発生的に生まれたのではない。一九八〇年代のコンピュータ産業構造はIBM、日立、NECのようなコンピュータ企業が図表2－3のようなインテグラル・アーキテクチャをとって、半導体からコンピュータ製造、ソフトウェアの開発までを垂直的統合し、企業内部で開発し、製造していた。一九六〇年代初期IBMがモジュラー・アーキテクチャをとって、コンピュータのモジュール化が行われるようになった。

図表2-5　モジュール化されていないシステム

	a_1	a_2	a_3	a_4	a_5	a_6	a_7
a_1	×	×	×	×	×	×	×
a_2	×	×	×	×	×	×	×
a_3	×	×	×	×	×	×	×
a_4	×	×	×	×	×	×	×
a_5	×	×	×	×	×	×	×
a_6	×	×	×	×	×	×	×
a_7	×	×	×	×	×	×	×

（出所）Langlois［2006］.

図表2－5はタスクと交換のネットワークの例である。これをタスク構造のマトリックスという。ある企業（モジュール）iが物質、エネルギー、情報をエージェントjへ移転すると、(i、j)に×が入る。図表2－5はモジュール化が行われていない（インテグラル・アーキテクチャ）システムである。要

図表2-6　完全にモジュール化されたシステム

	a1	a2	a3	a4	a5	a6	a7
a1	×	×					
a2	×	×					
a3			×	×			
a4			×	×			
a5					×	×	
a6					×	×	
a7							×

（出所）Langlois［2009］.

図表2-7　プラットフォームが仲介システム

	a1	a2	a3	a4	a5	a6	a7
a1	×	×	×	×	×	×	×
a2	×	×	×				
a3	×	×	×				
a4	×			×	×		
a5	×			×	×		
a6	×					×	×
a7	×					×	×

（出所）Langlois［2009］.

素間の相互作用があるので、ある要素が修正されれば、全体システムも修正しなければならない。要素は独自の目標を追求するので、全体として調整する必要があるので、取引コストがかかる。

そこで、この取引コストを節約するには要素間の相互作用を最小にすることである。これがモジュール化である。図表2－6は完全にモジュール化（モジュラー・アーキテクチャ）されている。モジュール間の相互作用がないので、各モジュールが独自の活動が可能である。再デザインをする取引コストがかかる。

図表2－6のようなシステムはまれである。多くのシステムはプラットフォームが介在している。図表2－7は共通のインターフェイスをもつほぼ分割されたモジュール化された（モジュラー・アーキテクチャ）システムであり、これが現実に見られるデザイン構造である。図表2－6で、a_1は他のモジュールを調整するプラットフォームである。これは他の企業との交換

を調整する標準となる。

プラットフォームはデザインルールをもっている。デザインルールはアーキテクチャ、インターフェイス、統合プロトコル、検証基準からなる。アーキテクチャはどのモジュールがシステムの部分となり、その役割が何であるかを記述している。モジュール化にはオプション（代替案）があるので、それを比較するためのルールが統合プロトコルと検証基準である。

モジュラー・アーキテクチャはモジュールを独立の要素の単位としている。モジュール内ではそれぞれの要素間の相互依存関係が高く、モジュール間ではその程度が低いシステムの要素である。モジュールはシステムの中では構造的に独立しているが、機能的には協働するシステムの単位である。

(3) 競争と協調

モジュールの単位が企業、組織、個人である。多様なプラットフォームとモジュールからなるシステムをエコシステムという。エコシステムは複数の階層からなる。インテグラル・アーキテクチャがとられている産業構造は図表2－8でイメージできる。企業ないしは企業グループが行で示されている。列はレイヤを示し、その上部が最終製品であり、下部が素材や部品を示している。このような階層システムでは中核企業が権限によって資源配分を行っている。企業では部品ないしは素材段階から製造、販売段階までが垂直的統合が行われている。企業グループではそれらの段階で系列化されてい

図表2-8　インテグラル・アーキテクチャの産業構造

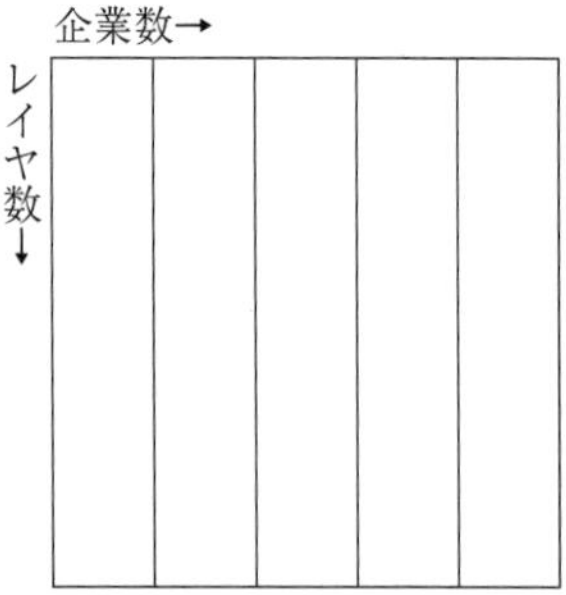

図表2-9　モジュラーアーキテクチャの産業構造

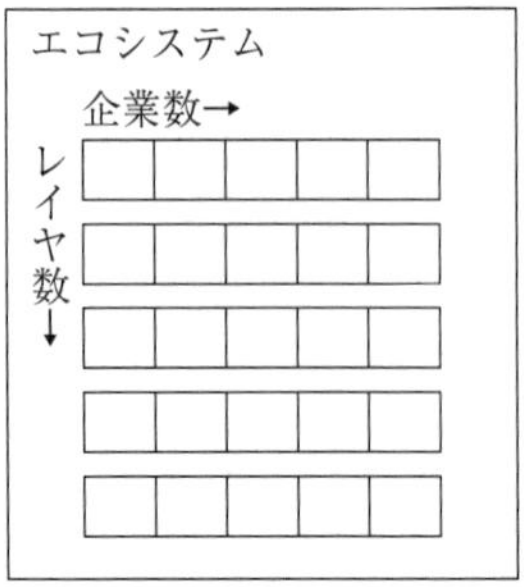

る。

一方、モジュラー・アーキテクチャがとられている産業構造は図表２－９で示されている。各セルがモジュール（プラットフォームやオプションのモジュール）であって、企業ないしは個人である。行の上部がソフトウェア、下部が部品であって、レイヤ化されている。各レイヤ間の取引は次章以下で述べるようにプラットフォームが企業間の取引を仲介していることが多い。例えば、ＰＣ産業ではマイクロソフトやアップルのＯＳ、インテルのＭＰＵがプラットフォームである。図表２－９でレイヤ間が空白になっているのは、垂直的段階（レイヤ間）企業間の取引が市場を経由していることを示している。プラットフォームが企業間の取引を仲介する場合、価格だけでなくルールによって取引が調整されている。

図表２－９のように、モジュールやプラットフォームの集合がエコシステムである。コンピュータ産業のエコシステムは図表２－４で示されているコンテンツレイヤ、サービスレイヤ、

ネットワーク・レイヤ、デバイス・レイヤからなっている。エコシステムで大きな特徴は、エコシステムではレイヤ間の企業は相互に補完関係にあるので、コラボレーションのような協調行動がとられることである。一方レイヤ内の企業間は相互に代替関係にあるので、競争関係にある。このように、エコシステムを構成する企業間は協調関係と競争関係が混在している。この意味で分析単位は個別企業ではなく、エコシステム全体ないしはコラボレーションとなる。

フェイスブックはSNSのエコシステムにおけるプラットフォーム企業である。フェイスブックはウェブサイトにユーザーがコンテンツを供給し、広告から収益をあげている。これだけをみれば、フェイスブックは伝統的な広告支援ビジネスと変わらないが、その活動は伝統的な企業中心の組織デザインとは大きく異なっている。

フェイスブックは、World Wide Webプロトコル、有線ないしは無線のインターネットと物理的下位基盤に支えられている。また、PCやスマートフォーンはオープンソースのコードベースに依存して、ウェブサイトでメンバー間のコミュニケーションが管理されている。このコードベースはフリーのモジュールである。フェイスブックはエコシステムにおける分散的なイノベーションから創発された要素を再結合して、ソーシャルネットワーキングという新しい分野を創出した。このように、エコシステムではレイヤ内の企業間では競争があるが、レイヤ間では企業間のコラボレーションが行われている。

第四節　日本におけるモジュール化

(1) 階層と取引のサイクル化

日本のエレクトロニクス産業と自動車産業は、従来から系列化が強く、多数の関係企業からなるネットワークを構築しているといわれている。しかし、大きな違いが二つの産業に差異がある。図表2－10は生産段階でのエレクトロニクスと自動車産業とトップ10位内の部品供給企業と顧客企業の数を示している。顧客には販売会社と消費者は含まれない。

自動車の組立企業は販売会社を除く顧客企業を持っていないが、大規模なエレクトロニクス企業（例えば、パナソニック、東芝、NEC、日立、富士通など）のいくつかは、多くの顧客企業をもつ。言い換えると、エレクトロニクス産業の大企業では部品の購入企業と供給企業は同じ企業である。一方、自動車産業では多数の部品供給企業と取引をしている組立企業は他企業ないしは部品供給企業に製品を販売していない。

自動車産業の取引ネットワークは階層的で、どの企業が川上で、どの企業が川下であるかがはっきりしている。自動車業界では、図表2－11のような取引が行われている（Luo *et al.*［2011］）。図表2－

図表2-10　自動車産業とエレクトロニクス産業の取引ネットワーク

	部品供給企業と取引する上位10位の企業			部品供給企業と取引する上位10位の企業		
	企業	部品供給企業数	顧客企業数	企業	部品供給企業数	顧客企業数
自動車産業	三菱自動車	226	0	デュポン	0	18
	ニッサン自動車	176	0	富士精工	0	17
	ホンダ自動車	169	0	バンドー化学	0	15
	トヨタ自動車	166	0	住友電機	4	12
	マツダ自動車	157	0	橋本フォーミング	3	11
	いすゞ自動車	135	0	東海ゴム	3	11
	富士重機	127	0	明和	2	11
	スズキ自動車	125	0	西川ゴム	0	11
	ダイハツ自動車	99	0	日清紡	0	11
	日野自動車	98	0	オギハラ	0	11
エレクトロニクス産業	日立	52	17	パナソニック	30	27
	東芝	40	26	東芝	40	26
	NEC	38	18	NEC	38	18
	ソニー	36	3	日立	52	17
	富士通	34	12	アルプス電気	1	15
	三菱電機	33	7	TDK	1	13
	東芝三菱電機産業システム	30	27	富士通	34	12
	シャープ	23	3	横河HP	5	10
	三洋電機	15	3	モトローラ	1	10
	ビクター	15	1	インテル	0	10

（出所）Luo *et al.* [2011].

図表2-11　階層システム

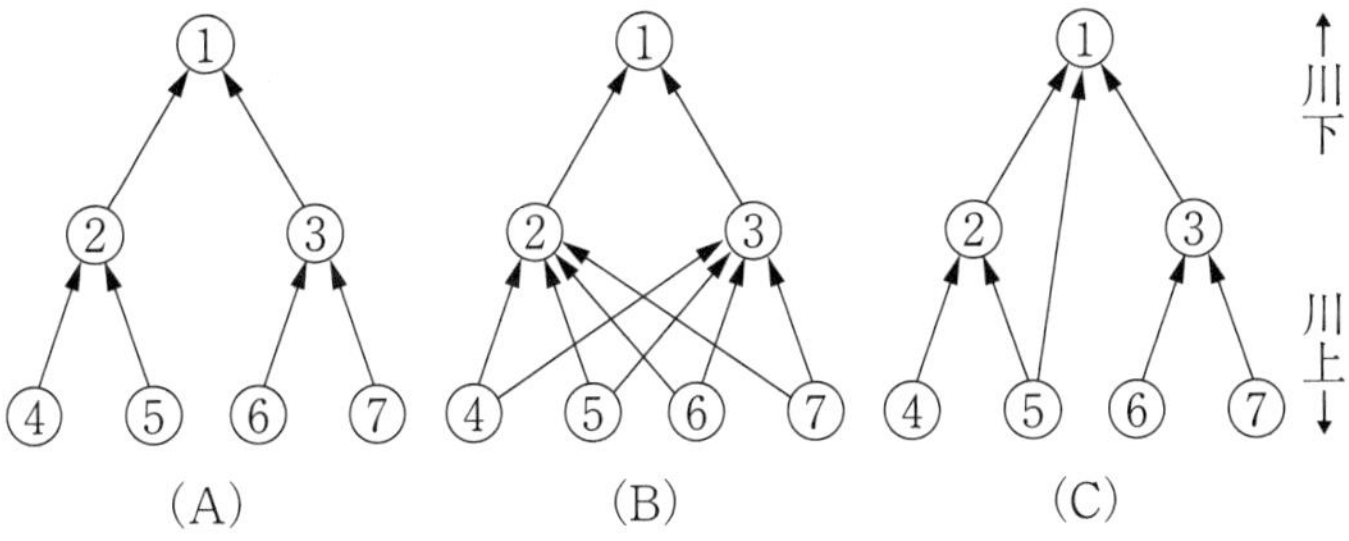

（出所）Luo *et al.* [2011].

11で①が組立企業で、それより下位は部品供給企業である。部品や情報の取引フローは、川上企業から川下企業へ一方向にのみ（図2－11では上方に向かって）流れている。

対照的に、エレクトロニクス業界では階層が存在するが、組立企業と部品供給企業を取引がサイクル化され、一部モジュール化されている。取引のサイクル化の例は図表2－12と図表2－13に示されている。図表2－12ではエレクトロニクスの大企業（企業A）は、パッケージ基板、チップセットのような部品を組み合わせて、最終製品を生産している。その基板部門はチップセットを移転する。同時に、企業Aの基板部門は企業B（専門チップセット・メーカー）と取引を行って、製品を企業Bに販売し、企業Aのシステム部門がチップセットをその企業から購入する。

図表2－13で企業Cと企業Dには、同じ産業の中で異なるサプライチェーンの川上、川下段階で部品を取引する内部の部門をもっている。例えば、企業CはPCB（プリント基板、サブシステム）とTV（システム）を作り、企業Dは、フラットなパネル・ディスプレイ（サブシステム）とコンピュータ（システム）を作る。製品フローが各々の企業内部でサブシステムとシステム部門の間にないが、両企業は技術的に関連したサプライチェーンの異なった段階に位置する。

エレクトロニクス業界では自社の製品や部品を自社で移転すると同時に、他社に販売（取引）している。同じ企業に部品を移転すると同時に、他企業との取引が同時に存在する。これをコンカレント・ソーシング（concurrent sourcing　同時発注）という。しかし、企業Bはそうではない。図表2－13は

図表2-12　エレクトロニクス産業の企業間取引(1)

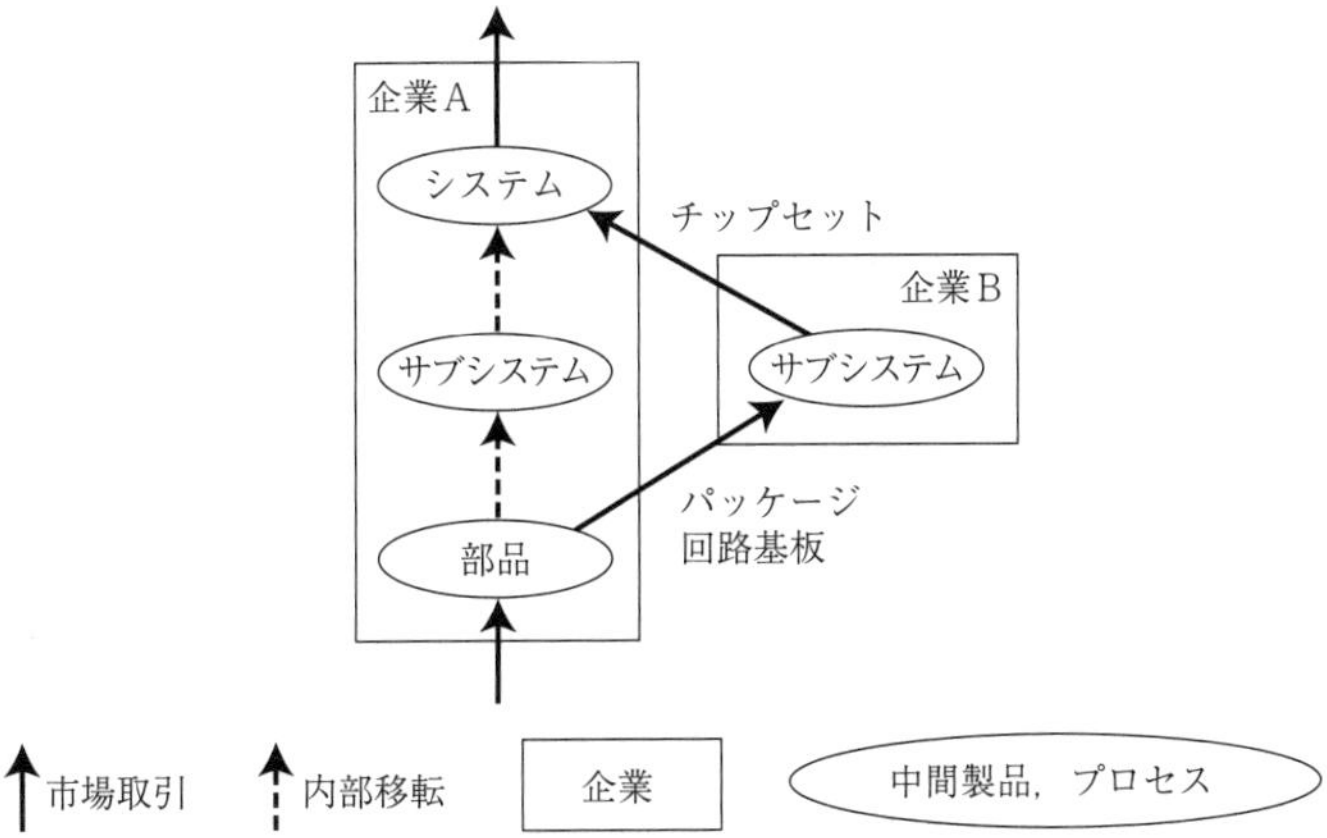

（出所）Luo *et al.* [2011].

図表2-13　エレクトロニクス産業の企業間取引(2)

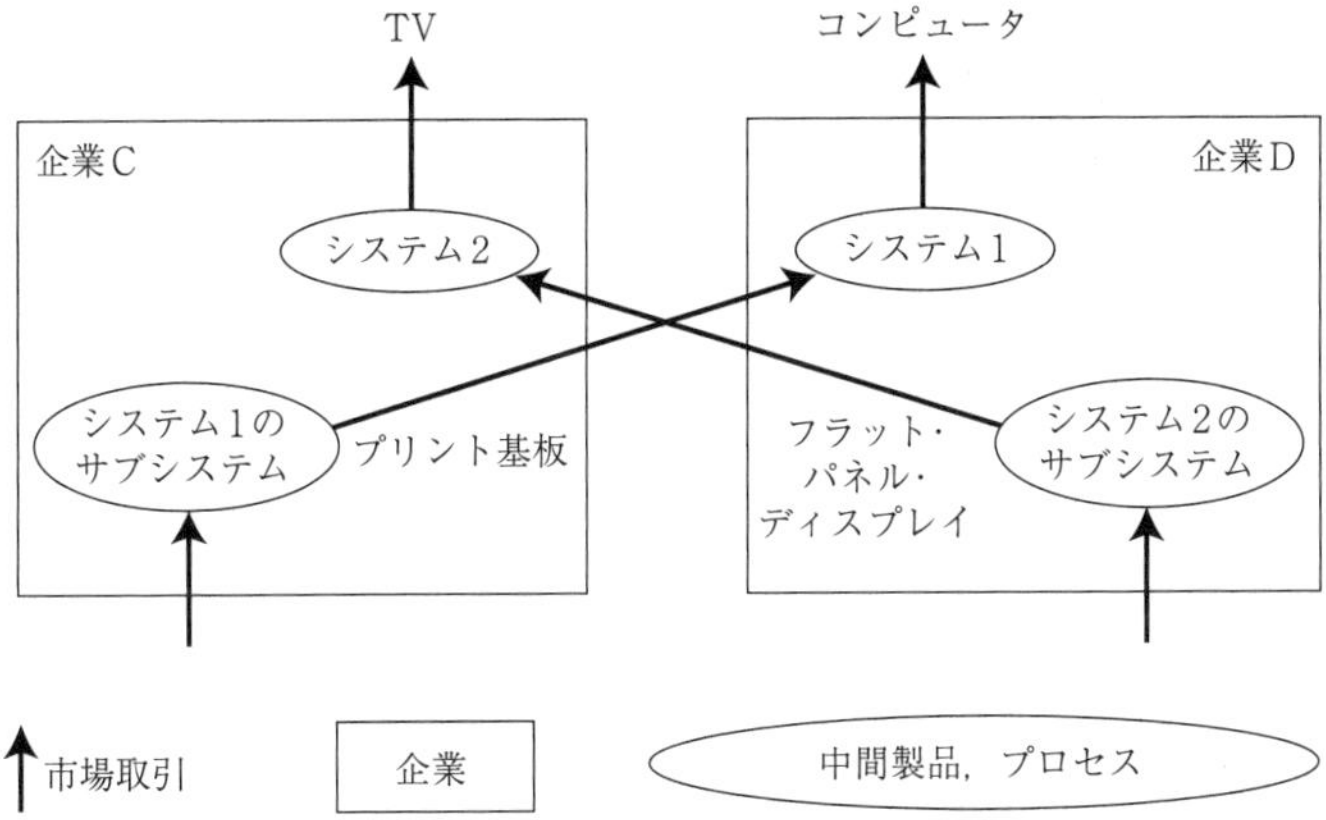

（出所）Luo *et al.* [2011].

企業C、Dで取引がサイクル化している。図表2－13は、図表2－12のケースよりもモジュール化されている。

(2) モジュラー・アーキテクチャとインテグラル・アーキテクチャ

自動車産業とエレクトロニクス産業ではかつて系列化が行われていたが、後者は部分的にモジュール化されている。製品とプロセスがモジュール化されているとき、部品を分解して再結合することは比較的容易である。対照的に、インテグラル製品は部品の間で機能的、ないしは物理的な相互依存関係があるので、分解するのが難しい。モジュール化は取引コストの節約と技術的なシステムのイノベーションの速度に影響を及ぼす。

自動車はシステム（最終製品）とサブシステム（部品）の相互依存関係が強いインテグラル製品である。日本の自動車産業では自動車の個々の部品の機能が複雑になったので、構造的または機能的調整の必要性が増大した。現代の自動車企業は、エネルギー効率、放出、雑音、振動、安全、安定性、運転のフィーリング、デザインとコストなどが相互依存関係にあるので、消費者のニーズを満たしつつ、規制をクリアしなければならない。

供給企業が部品とそのインターフェイスをデザインするので、自動車のデザインに相互依存性があり、オーダーメードで対応する必要がある。一般に部品があるシステム（自動車）で機能するには、製品デザインは関係特定的に調整されなければならない。したがって、システム全体と部品の相互依存関係が強いので、それについての詳細な知識がなければ、主要な自動車部品（例えばピストンリングとマフラー）をデザインできない。自動車産業では部品のデザインは企業間で関係特定的である。

したがって、部品供給企業と組立企業（顧客企業）はその特定的関係のコンテクストだけで価値がある技能、資産と資源（知識を含む）に関係特定的な投資を行わなければならない。両企業はその製品デザインと生産プロセスをその顧客の特定のニーズに適合させなければならないので、関係特定的な投資を行う必要がある。

取引コストを節約するために、部品供給企業と組立企業は長期継続的な取引を行っている。そのメリットは結果自動車の品質、コスト、配送が改善されることである。そのため、自動車業界では系列化が行われている。部品と完成品が関係特定的な関係にあるので、部品供給企業は規模の経済を活かせず、他社の部品を販売するには取引コストがかかる。このため、取引はサイクル化されず、取引フローは一方向になる。

対照的に、エレクトロニクス製品（例えば、コンピュータ、通信と家電）は、一九八〇年代から標準化された部品によるモジュラー・アーキテクチャがとられた。モジュール化は長期継続的な取引ではなく、取引がオープンに行われることによって取引コストが節約され、イノベーションが加速する。エレクトロニクス産業ではインターフェイスが標準化されているので、デザインルールが守られる限り、部品を異なったシステムで利用しても、システム製品（最終製品）は変化がない。したがって、企業は製品についての詳細な知識がなくても、デザインと多くの電子部品（例えば、メモリ・チップ、バッテリー等）の生産を行うことができる。部品の関係特定性の程度は低い。

次に、モジュール化によって非同期開発活動が独立して行われるので、モジュールレベルでの早いイノベーションが加速する。このモジュールを組み合わせて、製品レベルでのイノベーションも加速する。その結果、新しい方向で部品を組み合わせるので、製品ライフサイクルが短くなる。対照的に、自動車産業ではイノベーションのスピードは遅い。

エレクトロニクス産業では製品ライフサイクルが短いので、需要は不安定になる。そのため、垂直的統合企業の内部の部品部門より、大規模な生産規模をもち、開発速度が速い専門部品供給企業の方が有利になる。かつて垂直的統合された大規模なエレクトロニクス企業は、外部企業が内部部門より優れたパフォーマンス、価格と品質を提供することができれば、外部の供給企業（他の垂直的に統合した企業の部品部門を含む）から部品を調達する。日本のエレクトロニクス企業は一九九〇年代から部品を外注し、独立した部品供給企業または競争企業から部品を購入した。

同時に、そのような企業の内部の構成要素部門は、規模の経済を働かせるために、外部の顧客に部品を販売してより効果的に能力を利用した。これは企業が産業標準にその効率と製品品質をベンチマークとしてテストしていることになる。外部に販売するために大企業には部品のマーケティング部門がある。

このようにインターフェイスや部品の標準化が行われているにもかかわらず、大企業が部品部門を統合しているのであろうか。その理由はバリューチェーンの垂直的な段階間で知識の補完性が存在することである。このような知識の補完性は新しいシステム製品を産み出して、急速に変化している市場条件に反応するというダイナミックな能力をもつことができる。これによって、大企業はモジュールやシステム製品のイノベーションを加速しようとしている。

大企業は、ＰＣ、カメラ、モバイルのデバイスとテレビを含む差別化されたシステム製品を開発しようとしている。歴史的に見ると、日本のエレクトロニクス部門は既存の部品技術を利用してラジオとヘッドホンステレオのようなシステム製品を作って、全体として成長した。多様な部品レベル技術についての知識は、新しいシステムの急速な開発の重要な資源である。企業がその資源を企業外部から調達するよりも内部で調達すれば、企業はこれらの資源を共有して、より効果的に利用できる。このように取引のガバナンスは歴史的経路によって規定されている。

標準化は取引コストを節約すると同時に規模の経済を働かすことができる。一方、部品の一部を内製化することはアーキテクチャのイノベーションを促進する。部品の内部化によるシステムと部品間の補完的知識をもつことは、モジュールのデザインに必要な取引コストを節約する。

自動車産業とエレクトロニクス産業とではモジュール化の程度がなぜ異なるのであろうか。自動車において、かなりのエネルギーは処理され、かなりのパワーは部品の機能と相互作用で関係する。高いパワーは自動車の基本的な役割を果たすために必要である、高速で大量の人間と財を輸送する。自動車のようなハイパワー・システムには予想困難な副次的効果（例えば、熱と振動）が生まれ、その調整には相互依存的、反復デザイン・プロセスによる摺り合わせが必要となる。

対照的に、エレクトロニクス製品（例えば、コンピュータ、電話と他のデバイス）は、低出力のシグナルを通して情報を処理する。パワーが小さいので、副次的効果は小さい。したがって、モジュール化が容易であるので、インターフェイスが標準化される。それによって、各モジュールの情報は隔離され、分業が行われる。このように、製品の技術的特性（ハイパワーかどうか）によって、製品アーキテクチャ（インテグラル・アーキテクチャかモジュラー・アーキテクチャ）、企業間のネットワークの垂直的統合の程度を決定することになる。

しかしながら、部品が標準化されているにもかかわらず、その一部を内部化、一部を外注することは大きなデメリットをもつ。エレクトロニクス企業は大量生産・販売時代のビジネスモデルをとりつつ、イノベーションに対応しようとしている。モジュラー・アーキテクチャが進化していくと、ビジネスモデルは、日本のような階層システムからプラットフォームや多数のモジュール（企業）からなるエコシステムへ移行する。しかし、日本のエレクトロニクス産業では階層システムの中核企業がプラットフォームを所有し、クローズドシステムをとった。このため、これらの企業は外部のイノベーションを取り込むことが困難であった。日本のエレクトロニクス企業はアップル、マイクロソフト、インテルのようなプラットフォーム企業に大きな後れをとった。

第三章　プラットフォームの展開

第一節　プラットフォームの類型
第二節　プラットフォームのダイナミックス
第三節　マルチサイド・プラットフォームの特色
第四節　商業者とマルチサイド・プラットフォームの違いは何か
第五節　部品・サービス供給企業とマルチサイド・プラットフォーム

第一節　プラットフォームの類型

(1) プラットフォームの分類

プラットフォームは製品やシステムに共通しているデザイン・パターンであって、製品やシステムの多様性と進化をサポートする安定した構成要素である。プラットフォームは製品開発、技術開発、ネットワーク、産業で多様に用いられている。それらの共通点は多様な補完的構成要素を作り出すコストを節約しながら、規模の経済を提供するコアとなるモジュールを比較的に長期にわたって、再利用していることである。

ガワー（Gawer［2009］pp.47–48）は、プラットフォームをコンテクスト、参加者数、プラットフォームの目的、デザインルール、最終アウトプットによって、内部プラットフォーム、サプライチェーン・プラットフォーム、産業プラットフォーム、マルチサイド・プラットフォーム（multi-sided platform）に分類している。それによれば、産業プラットフォームはイノベーションに関係するが、マルチサイド・プラットフォームは必ずしもそうでないとしている。

例えば、クレジットカードはイノベーションに関係なくても、カード所有者とカード会社（プラッ

図表3-1　プラットフォームのタイプ

分類＼プラットフォームのタイプ	内部	サプライチェーン	マルチサイド・プラットフォーム
コンテクスト	企業内	サプライチェーン内	マルチ・サイド
参加者	単一	複数	多数の売手，買手
目的	効率化，フレキシビリティ	効率，フレキシビリティ，マスカスタマイゼーション	間接的ネットワーク効果，イノベーションの促進
デザイン・ルール	モジュールの再利用，安定性	モジュールの再利用，安定性	インターフェイス，イノベーション
最終製品	製造企業による定義	中核企業による定義	多様性，未定義

（出所）Gawer［2009］pp.47-48を修正して筆者作成。

トフォーム企業）間の取引がカード会社とカード利用可能な店舗との取引に大きな影響を与える（逆も同様である）。また、技術開発によって多様な情報を収集できる可能性がある。また、アマゾンやグーグルではソフトウェアのデベロッパーの開発が両企業と顧客との相互作用や顧客間の取引に大きな影響を与える。一方、インテルのような産業プラットフォームはそのＭＰＵはソフトウェアやハードウェアのデベロッパー間の取引を仲介するマルチサイド・プラットフォームである。

産業プラットフォームとマルチサイド・プラットフォームは共通点が多く、イノベーションを加速化している。そこで、本書は図表3－1のように、ガワーの言う産業プラットフォームとマルチサイド・プラットフォームを併せて、マルチサイド・プラットフォームとして、次のように分類する。

①　内部プラットフォーム

② サプライチェーン・プラットフォーム
③ マルチサイド・プラットフォーム

上記三つに共通するプラットフォームは、多様な製品やサービスに共通するサブシステムとインターフェイスの集合からなることである。マルチサイド・プラットフォームは再販売企業のような仲介者ではなく、異なった顧客の直接取引ないしは直接の相互作用を架橋する仲介企業である。マルチサイド・プラットフォームは主な活動として、そこに加入（参加）する複数の異なった顧客間の直接の相互作用を促進することによって価値を産み出す組織である（Hagiu and Wright［2011］）。

内部プラットフォーム、サプライチェーン・プラットフォームとマルチサイド・プラットフォームとの大きな違いは、前二者がクローズド・システムに対して、マルチサイド・プラットフォームは程度の差はあるが、オープン・システムないしはそれを志向していることである。内部プラットフォームとサプライチェーン・プラットフォームは企業内部ないしはグループでイノベーションを行うが、マルチサイド・プラットフォームはオープン化して、参加企業のイノベーション活動を促進する。

(2) 内部プラットフォームとは何か

内部プラットフォームという語は一九九〇年代に、企業の内部の新製品開発のコンテクストで使われた。プラットフォームは顧客のニーズに適合するように、機能を製品にバンドル化したり、代替したり、アンバンドル化することによって多様にデザインされる製品と定義されることもある（Wheelwright and Clark［1992］p.73.）。

プラットフォームの長所は共通部品の再利用によって製品開発の固定コストを節約できると同時に、フレキシブルに製品をデザインでき、効率的に多様化することである。プラットフォームによる新製品開発の重要な目的は、規模と範囲の経済を維持しながら、多様な顧客条件、ビジネス・ニーズと技術的な発展を利用して製品の多様性を提供することである。これはマスカスタマイゼーション（mass customization）であり、三つのプラットフォームに共通しているが、マルチサイド・プラットフォームがオープン化されているので、多様なニーズにより幅広く対応できる。

企業は内部で製品プラットフォームを使って製品多様化、リードタイムの短縮化を行って、製品コスト、在庫コスト、取引コストを節約しようとした。ソニーのウォークマンは内部プラットフォームの成功例の一つである。ソニーは、すべてのモデルをプラットフォーム周辺でモジュール化し、生産システムをフレキシブル化した。内部プラットフォームの大きな特色は主として製造企業がイノベーションの担い手になっており、製品をデザインし製品を多様化し、対象とするセグメントを設定する。この点は後に述べるマルチサイド・プラットフォームと大きく異なる。

自動車産業ではプラットフォームが共有されている。ホンダは幅と長さを調整できるように、フロアプラン、ドライブトレイン、アクセルのようなコアの自動車プラットフォームの開発し、ワールドカーを販売した（Naughton *et al.*［1997］）。自動車メーカーは、プラットフォームを共通化して、品質レベルかつ、またモデル間で差別化した。フォルクスワーゲン系のブランド（フォルクスワーゲン、アウディ、セアト、シュコダ、ベントレー、ブガッティ）はコクピットをプラットフォーム化し、一九のモデルがグローバルに販売されている。

以上のような内部プラットフォームは、少数のデザインルールの下で安定的なアーキテクチャを用いて、モジュールをシステマティックに再利用して、効率的にマスカスタマイゼーションを行っている。しかし、特定のサブシステムの最適化が全体のシステムを最適化するとはいえない。したがって、機能とパフォーマンスに関してトレードオフがある。

(3) サプライチェーン・プラットフォームとは何か

サプライチェーン・プラットフォームは、サプライチェーンに参加する企業に、内部プラットフォームの概念を拡張している。そのプラットフォームは、サプライチェーンの参加者が派生的製品を効率的に開発し、生産することができる共通の構造をもつサブシステムとインターフェイスからなる。内部プラットフォームと異なる点は、サプライチェーンに参加する企業が最終的なシステムをモジュール化し、製造することである。このようなモジュラー・アーキテクチャが可能になった要因はデジタル化とモジュール化である。このため、プラットフォームはサプライチェーン全体に拡張可能になる。

サプライチェーン・プラットフォームでは、異なる参加企業間で株式を持ち合うような系列化が行われることが多い。また、プラットフォームが組立企業と部品供給企業、流通企業間で共有されることがある。サプライチェーン・プラットフォームの典型的な事例は自動車産業である。例えば、ニッサンとルノーは一部のプラットフォームを共有し、プラットフォーム数が削減されている。

これらのプラットフォームの目的は内部プラットフォームのそれと同様に、効率の改善、コストの削減、フレキシビリティ、製品多様化である。サプライチェーン・プラットフォームのデザインルールは内部のプラットフォームのそれらと類似して、モジュールのシステマティックな再利用とアーキテクチャの安定性である。

内部プラットフォームと同様に、サブシステムのパフォーマンスを最適化することと、全体システムのそれを最適化することの間に、トレードオフがある。異なる企業が参加するので、サプライチェーンの参加企業は相互に異なる目的と誘因をもつ。内部プラットフォームでは権限によって企業内部が調整される。サプライチェーン・プラットフォームでは多くの参加企業が資産の所有関係を通じて権限をどのように配分するかが問題となる。

サプライチェーン・プラットフォームでは組立企業が参加企業をコントロールし、権限関係にある。中田［二〇〇二］は資産の所有関係に注目して、内部プラットフォームとサプライチェーン・プラットフォームを階層的ネットワークとして特色づけている。サプライチェーン・プラットフォームのアーキテクチャは異なった目標をもつ企業が参加しているので、企業間の提携と競争が存在し、戦略的ダイナミックスがおきる。

内部プラットフォームとサプライチェーン・プラットフォームはクローズド・システムである。これらは、競争優位性の源泉を稀少かつまた模倣不可能で、非代替的であるような資産、能力、組織プロセス、情報、知識に求める。利益は参入障壁や資源ポジションの障壁から得られる。資源が知識であるとき特許や著作権のように知的財産権が排他的であるので、サプライチェーン内で企業間の交渉力が異なる。サプライチェーン・プラットフォームでは中核企業が知識を所有する。それでも、企業間での知識の共有の重要性が認識されると、アライアンス・ネットワークのようなガバナンスがとられる。

(4) マルチサイド・プラットフォームとは何か

エコシステムではマルチサイド・プラットフォームは情報の仲介者となって、複数の企業が開発し、補完的製品、サービス、技術を提供している（Gawer［2009］p.54)。マルチサイド・プラットフォームでは複数市場間の取引を仲介するので、ある市場（サイド）での取引が他の市場での取引に大きな影響を与える。これを間接的ネットワーク効果という。プラットフォームは正の間接的ネットワーク効果を産み出すようにデザインされている。マルチサイド・プラットフォームの原型は、雑誌、新聞、ラジオ、ＴＶである。マルチサイド・プラットフォームはコンピュータを中心としたソフトウェアの進化によって発展した。また、それはソフトウェア中心のシステムだけでなく、ショッピングモールなどである。

マルチサイド・プラットフォームと内部プラットフォーム、およびサプライチェーン・プラットフォームとの違いは、後者では中核企業と関係企業が権限関係にある。しかし、マルチサイド・プラットフォームは第二章で述べたように、レイヤ間の企業間は補完関係にあるので、コラボレーションを行い、レイヤ内の企業間では競争が行われている。

プラットフォーム企業は、外部の補完企業やデベロッパーのイノベーションを促進するようなシステムを構築しようとする。これは内部とサプライチェーン・プラットフォームにはみられない。内部のサプライチェーン・プラットフォームとは対照的に、マルチサイド・プラットフォームにおいてはデザインの論理は逆である。内部プラットフォームとサプライチェーン・プラットフォームでは、プラットフォームを所有する中核企業が最終製品を開発し、デザインして、モジュール化し、タスクを部品企業に割り当てる。

しかし、マルチサイド・プラットフォームではコアとなるモジュールから出発し、最終製品・サービスの最終結果や最終利用が先験的に確定していない。したがって、補完的製品・サービス、技術レベルのモジュールのイノベーションが先行し、製品レベルのイノベーションがおきる。そのためには、プラットフォーム企業は補完企業がイノベーションへ投資する誘因をどのようにデザインルールに埋め込むかが重要な問題となる。そこで、プラットフォームは補完製品のイノベーションだけでなく、機能を追加するために、プラグインできるようなメカニズムをもつことになる。

プラットフォーム・リーダーは、参加企業間でコラボレーションと競争があるような状況で調整を行う。例えば、補完的市場へのプラットフォーム企業による参入の問題がイノベーションとの関連で起きる。技術が進化して、プラットフォーム企業はしばしばそのプラットフォームの範囲を広げて、補完的製品を統合する機会に直面する。しかし、これは補完企業が補完的市場でイノベーションに投資するのに抑制要因となる。プラットフォーム企業は補完企業の利益を圧迫しないことにコミットしなければならない（中田［二〇〇九］第七章）。

インテルが組織構造やプロセスを改変して、コミットメント・メカニズムを機能させた（Gawer and Henderson［2007］）。インテルは、コネクター市場で補完企業に知的所有権を認め、アプリケーションのインターフェイスを開発して、補完企業が新しい拡張されたプラットフォームでイノベーションの誘因を更新しながら、アーキテクチャのコントロールを保持している。技術が絶えず進化してくると、ビジネスに関する意思決定と技術やデザインの意思決定が首尾一貫して行われなければならないが、マルチサイド・プラットフォームには多数の企業が参加するので、調整に取引コストがかかることがある。

第二節　プラットフォームのダイナミックス

(1)　内部プラットフォームからサプライチェーン・プラットフォームへどのように移行したか

内部プラットフォームによって経済性は、インターフェイスが固定されているので、システムが相互に関係づけられるモジュールの分解から得られることである。さらに、各企業は接続するルールを知ることができるので、システム全体がどのように構築されるかを知らなくても、独自に活動することができ、分業が可能になる。インターフェイスはモジュールの間の相互作用のルールを定式化する。

一九六〇年代にコンピュータはデータを処理し分析して、蓄積するのに必要なツールになった。しかし、コンピュータのデザインは非常に複雑であったので、開発、デザイン、部品製造からソフトウエアの開発まで統合されていた（中田［二〇〇九］第一章）。ＩＢＭは顧客満足と規模の経済を高め、複雑な製造を単純化しようとして、一九六〇年代初期にシステム三六〇の開発にモジュラー・アーキテクチャを採用し、互換性を持つ製品ラインを開発した。これがきっかけとなってイノベーションが分散化した。

システム三六〇はモジュラー・アーキテクチャを採用したので、部品供給企業がコンピュータ市場に参入して、競争が激化した。このシステムが導入されてから、多くの主要な技術者がIBMを退職し、ベンチャーになったり、他企業に入社した。多数の企業はこれらの技術者を活用して、ディスク・ドライブ、テープ装置、ターミナル、プリンターとメモリデバイスなどのIBMと互換性を持ち、しかも高性能の周辺機器を開発した。そのため、イノベーションがモジュール・レベルで行われ、コンピュータのイノベーションをもたらした。

IBMはPCについてもコストを減らし、新製品のアピールを高めるためにプラットフォームを構築した。IBMの経営陣はすべてのPCシステムの販売から利益をあげ、市場の成長をコントロールして、独占的地位を確保できると考えていた。IBMはPCのコアのモジュールであるMPUやOSそのハードウェアとソフトウェアのほとんどを外注化した。重要なコードであるBIOS（Basic Input Output System）を所有し、クローズドにした。しかし、コンパックとフェニックス・テクノロジーは互換的なBIOSを開発したので、IBMクローンが登場した。結果的に、IBMは外部イノベーターにPCをオープン化し、コンピュータ産業のエコシステム化が促進した。

内部プラットフォームは当初企業内の分業を促進するが、モジュールの情報が企業外に伝播し、モジュールが模倣される。その結果、IBMの事例のように、新規参入企業が増加し、競争が激化する。

ＩＢＭはコンピュータのシステム・レベルの競争に焦点を合わせ、モジュール・レベルの競争を軽視した。そのため、ＩＢＭはモジュールの知的所有権を守ることができなかったと考えられる。

このような分析から、組立企業が内部のプラットフォームのデザイン、生産、イノベーションを効率的に行うことができる。しかし、専門部品供給企業がモジュールとして部品市場に参入し、組立企業は競争の影響を受ける。組立企業がシステム上でその知的所有権を保護することができなければ、内部プラットフォームはサプライチェーン・プラットフォームに進化する（Gawer［2009］p.61.）。

(2) サプライチェーン・プラットフォームからマルチサイド・プラットフォームへどのように移行したか

コンピュータ産業の市場が拡大するにつれて、モジュール化によって分業が進行した。またＩＢＭはＰＣのアーキテクチャをコントロールできなくなり、多数の専門企業がモジュールでＰＣ市場に参入した。なかでもマイクロソフトとインテルは当初ＩＢＭのサプライチェーンの補完企業であったが、それぞれＯＳとＭＰＵでイノベーションを行って、ＩＢＭだけでなく多数の企業に販売し、ＩＢＭに依存しなくなった。ＰＣのアーキテクチャが知的財産権によって保護されていなかったので、多くの企業はＩＢＭのＰＣのクローンを生産し、ＰＣのプラットフォームはＩＢＭのサプライチェーンを離れて成長した。

ＩＢＭがそのサプライチェーンの上に徐々にコントロールを失うにつれて、ＩＢＭの単純な構成要素企業とサービス提供企業としてスタートしたインテルとマイクロソフトは、ＩＢＭのサプライチェーン・プラットフォームの補完企業からマルチサイド・プラットフォームとして進化し、プラットフォーム・リーダーの地位を確立した。両企業はＰＣのアーキテクチャのイノベーションによってインターフェイスを開発し、ＰＣの要素の間でより速い相互接続を可能にして、これらのインターフェイスの知的所有権を設定した（Gawer and Cusumano［2008］）。両企業はＰＣのマルチサイド・プラットフォームでリーダーとなって、補完企業のイノベーションを促進した。この意味ではマイクロソフトとインテルは情報の仲介者といえる。

マイクロソフトとインテル（ウィンテル）はシステム・パフォーマンスを改善すると同時に、新しいビジネスモデルとしてオープン化を進め、ウィンテルのＰＣをアーキテクチャに接続できるように補完企業をサポートした。さらに、インテルとマイクロソフトは互換的にすることによって、インテルのＭＰＵとマイクロソフトのＯＳの新しいバージョンのために新しいソフトウェアを創出し続けられるように、補完企業によるイノベーションの誘因システムを構築した。

コンピュータ・プラットフォーム企業の進化は、次のように要約される（Gawer［2009］p.63.）。

(1)　一九六〇年代の後半から一九七〇代前半にＩＢＭ三六〇にモジュラー・アーキテクチャが採用されたが、それは当初内部プラットフォームであった。これはＩＢＭの製品ラインの基盤であった。

(2) 一九七〇年代後期から一九八〇年代前半に、ＩＢＭ三六〇はサプライチェーンで互換性をもつ製品に進化した。それによって、マイクロソフトやインテルのようなプラットフォーム企業とモジュール専門企業が成長した。

(3) これらの企業（特にウィンテル）は、プラットフォーム・リーダーとしてマルチサイド・プラットフォームを構築した。

内部プラットフォームおよびサプライチェーン・プラットフォームからマルチサイド・プラットフォームへの進化は、組立企業（例えば、ＩＢＭ）がそのサプライチェーンでのコントロールを失ったためである。組立企業がそのサプライチェーンをコントロールできなくなる要因は、次の三つの条件がそろった場合である（Gawer [2009] p.63.）。

(1) 構成要素のなかで、価値を産み出す能力をもつ外部の企業が多数存在する。
(2) 組立企業がユーザーへ提供する価値が、構成要素が創出する価値よりも低い。
(3) 従来構成要素であった企業が、それ以前の組立企業（例えば、ＩＢＭ）以外のセグメントを見つけることができる。

ウィンテルはこれら三つの条件を満足している。これらの条件を満足した上で、プラットフォーム・リーダーとなる企業は補完企業のイノベーションに対する投資の誘因を維持できれば、サプライチェーン・プラットフォームはマルチサイド・プラットフォームへ進化する。

第三節　マルチサイド・プラットフォームの特色

(1) マルチサイド・プラットフォームとは何か

図表3－2に示すように、マルチサイド・プラットフォームはアメリカン・エクスプレス、電子商取引プラットフォーム（例えば、eBay、アマゾンなど）、フェイスブック、iPhone、ショッピングモール、スカイプ、ソニー・プレイステーションなどである。しかし、ケーブルTV、百貨店、スーパーはマルチサイド・プラットフォームではない。それは企業間、企業内の部門だけでなくNPOも含む。マルチサイド・プラットフォームの主な活動は顧客間の直接取引から価値を生みだすことに注意しなければならない。ある顧客間の直接取引がなくなったとき、失われる価値の全体シェアに比べて小さければ、マルチサイド・プラットフォームは局所的である。

マルチサイド・プラットフォームは、サプライチェーン（複数市場ないしは多段階市場）における仲介者（例えば、部品供給企業、製造業者、卸売企業、小売企業）のような再販売企業とは異なっている。マルチサイド・プラットフォームは売手と買手の直接取引（売買）を促進するのであって、売手または買手と売買関係にない。それに対し、再販売企業は製品を購入して再販売するので、売手と

図表3-2　マルチサイド・プラットフォームの例

プラットフォーム	企業または製品の例
PCのOS	アップル，ウィンドウズ，リナックス
PDA（パーソナル携帯情報機器）	パーム
ゲームコンソール	プレイステーション，ニンテンドウ
ネットワークスイッチ	シスコ
マルチメディア	フラッシュ，HTML5
決済システム	ペイパル，ビザ，グーグル・チェックアウト，フェリカ
モバイルデバイス	iPhone，アンドロイド，シンビアン，ブラックベリー
企業向けソフトウェア	セールスフォース，オラクル，SAP，IBM
ソーシャルネットワーキング・サービス	フェイスブック，マイスペース，ツイッター
ヘルスケア	WebMD，MedHelp
ウェブサーチ	グーグル，ビーング
電子書籍	キンドル，iPad
MPU	インテル，AMD

（出所）Parker and Van Alstyne［2012］を一部修正。

買手は売買関係にある。株式，不動産，製品・サービスのブローカーは直ちにマルチサイド・プラットフォームとはいえない。売手や買手が意識的にプラットフォームに加入（参加）していれば，プラットフォームといえるが，一時的であればそうではない。また，マルチサイド・プラットフォームは部品供給企業とも異なっている。前者では複数の顧客タイプが参加していなければならない。マルチサイド・プラットフォーム，再販売企業，部品やサービスの供給企業の三つのタイプは図表３－３に示されている。

現実には再販売企業（ないしはインプット供給企業ないしは部品供給企

図表3-3　ガバナンス

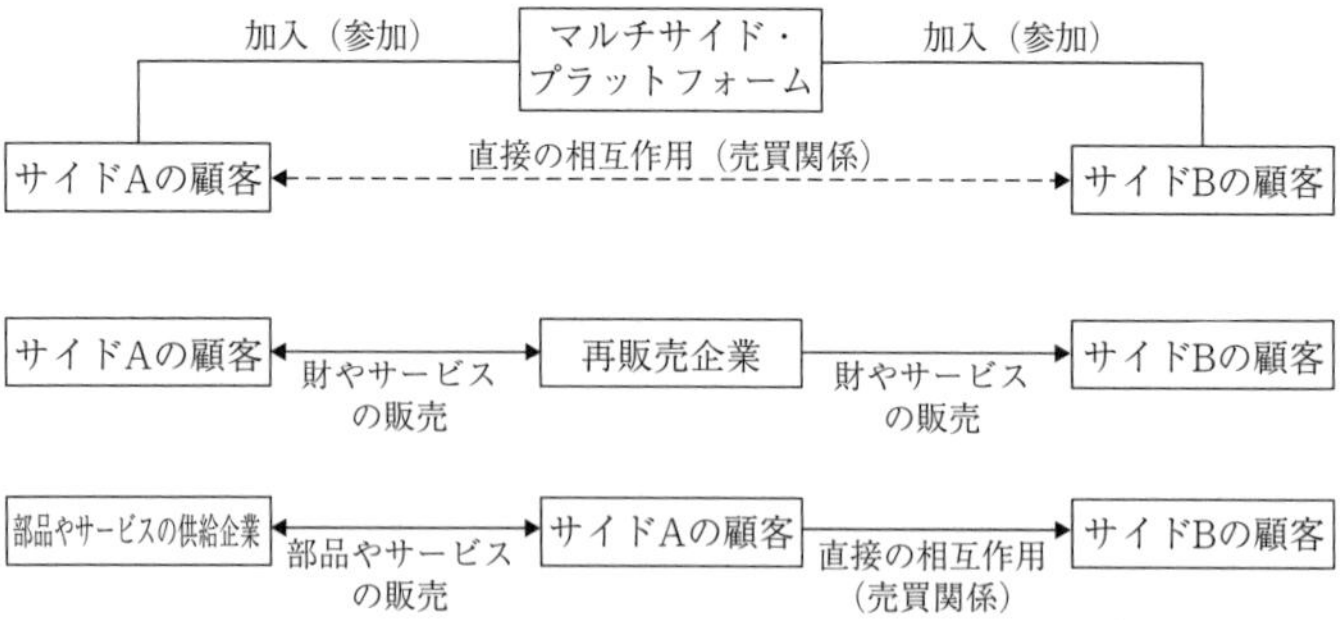

（出所）Hagiu and Wright［2011］.

図表3-4　連続的ガバナンス

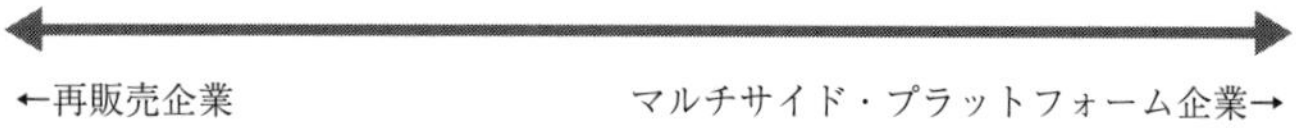

業）とマルチサイド・プラットフォーム企業を両極端とすれば、図表３－４に示すように、ガバナンスはその連続スペクトルになっている。図表３－４で企業がどの位置を選択するかによってビジネスモデルは異なる。例えば、アマゾンは再販売企業、マルチサイド・プラットフォーム、サービス供給企業の側面をもつが、マルチサイド・プラットフォームの側面が扱い商品や売上で高いので、図表３－４でプラットフォームに近い。次節で述べるように、状況によって再販売企業またはマルチサイド・プラットフォーム企業が効率的なビジネスモデルとなる。企業はマルチサイド・プラットフォーム、再販売企業の連続スペクトル上でガバナンスを効率的に選択する。

マルチサイド・プラットフォームはプラットフォームに加入（参加）する顧客間の直接の相互作用を促進する。まず、顧客のタイプは相互作用する時点でプラットフォームによって識別されていなければならないが、そのタイプは固定しているわけではない。プラットフォームは異なった顧客間で情報のマッチングを行う。顧客のタイプが識別されているので、プラットフォーム企業は重視する顧客グループに対して、プラットフォームの利用価格をフリーにするといった価格差別を行って、ネットワークを大きくしようとする。マルチサイド・プラットフォームと再販売企業との大きな違いは、前者が異なる顧客間の直接の相互作用、換言すれば売買関係を促進するのに対し、後者は再販売企業が同じタイプの顧客に対して販売していることである。プラットフォームが顧客間の直接の相互作用を促進するが、再販売企業（商業者など）はそうではない。この点について詳しく見ていこう。

(2) 顧客間（売手と買手）の直接の相互作用

まず、相互作用はプラットフォームと異なった顧客タイプ間、異なった顧客間で共同の活動であり、それらの間のコミュニケーション、交換と消費の組合せである。コミュニケーションは広告のように売手から買手への一方向のコミュニケーションと、ｅＢａｙやグーグル、インターネットのように双方向のそれがある。交換は異なった顧客グループ間で製品、サービス、資産の交換であって、商品流通やインターネット通信販売、ｅＢａｙのオークションに見られるような価格発見、クレジットカードによる決済などである。

プラットフォームに加入している顧客は主要な活動をコントロールする権利（所有権）を維持しながら、顧客間で売買を行う。財やサービスを所有するのは顧客であって、プラットフォームではない。顧客AとBの取引は直接取引を行うか、プラットフォームかつまた仲介者（再販売企業やブローカー）を経由する。顧客間の直接の相互作用はプラットフォームが顧客間の契約をコントロールしないことがある。例えば、ｅＢａｙやアマゾンのような電子商取引企業は売手と買手が直接取引を行っているし、ゲームやショッピングモールも同様である。ショッピングモールのデベロッパー（開発企業）がプラットフォームであって、テナントと訪問客が顧客である。売手と買手はプラットフォームによる情報のマッチングによって取引コストを節約している。

ゲームコンソールの初期世代では、ゲームソフトが任天堂は任天堂のウィルショップ、ソニーはプレイステーション・ストア、Ｘｂｏｘはライブマーケットプレイス（Live Marketplace）を通じて販売されていた。これらの販売店は任天堂、ソニー、Ｘｂｏｘの顧客のみに限定されているので、マルチサイド・プラットフォームではない。これに対して、現在ではアマゾンはゲームソフトウェア・デベロッパーとユーザーとの売買を促進している。

商業者のような再販売企業は供給企業や消費者と製品やサービスの売買関係にある。再販売企業は供給企業から製品を購入し（その所有権をもち）、消費者に再販売する。その際マーケティングコスト、管理コスト、在庫コストは再販売企業が負担し、独自に品揃えする。プラットフォームでは供給企業と小売企業、小売企業と消費者間で購入契約が行われており、供給企業と小売企業と直接取引（顧客間の直接の相互作用）が行われていない。

プラットフォームは異なった顧客間のコミュニケーション、消費、交換の直接の相互作用を促進する。例えば、イエローページは広告主と読者間のコミュニケーションのみを行っている。また、コミュニケーションは広告などに関係し、消費は部品段階や製造段階や、ＯＳとソフトウェア、ハードウェア間に関係する。

アップルのアップ（Ａｐｐ）ストアはコミュニケーション、交換、消費が同時に行われているマルチサイド・プラットフォームである。ユーザーはｉＰａｄの検索システムを通じてアップストアからソフトウェアを購入し、アップルの決済システムを利用する。このように、ｉＰａｄはアップストアと決済システムを通じて、コミュニケーション、交換、消費を同時に行って、ソフトウェア・デベロッパーとユーザーの直接取引を促進している。これに対して、ｅＢａｙはオークションを通じて、供給企業と買手の直接取引を促進している。また、マイクロソフトはＯＳ（ウィンドウズ）をＰＣの組立企業やハードウェア・デベロッパーに提供して、ユーザーと組立企業、ハードウェアやソフトウェアのデベロッパー、ユーザーの相互作用を促進している。

次に、顧客がプラットフォームに加入（参加）することは、特定のプラットフォームを通じて他の顧客と直接相互作用するという意識的な意思決定をしていることである。換言すれば，顧客がプラットフォームに関係特定的な投資を行っているということである。顧客の投資は次のような形をとる。

① 取引コストがかかる。

② アクセスフィーがかかる。

まず，取引コストは取引や情報交換を行う際の不便さのような機会コストである。例えば，意図的に特定のショッピングモールに行ったり，ウェブサイトに登録したり，新しいコンピュータシステムを利用する方法を学習したり，SNSにプロフィールを作成したり，新しい支払いカードを得るために登録することなどである。また，アクセスフィーはサービスを受けるためにハードウェアやソフトウェアを購入するコストである。

(3) 間接的ネットワーク効果とは何か

多くの企業は多角化を行って複数市場で活動している。同時に特定市場でマーケット・セグメンテーションを行って，異なったセグメントに異なったマーケティングを行っている。セグメンテーションは特定の一つの市場における概念であって，例えば，自動車市場，PC市場などである。多角化企業は複数の製品を扱って，複数市場で活動しているが，それぞれの製品は特定の市場で生産・販売され，製品間の相互作用および外部効果がないかきわめて小さい。

規模の経済は供給側（企業）だけなく、需要側（消費者やユーザー）でも働く。需要側の規模の経済をネットワーク効果（ネットワークの外部効果）という。ネットワーク効果は特定の市場で、顧客（取引相手）の少なくとも一方向にのみ発生し、間接的ネットワーク効果は異なった顧客グループ（市場）間で発生する。ネットワーク効果はユーザーが当該ネットワークに多数参加することによって、ネットワークが大きければ大きいほど、ユーザーの利益が大きくなることをいう。

例えば、マイクロソフトのOS（ウィンドウズ）を採用するユーザーが大きければ大きいほど、ソフトウェアやハードウェアのデベロッパーがウィンドウズ向けに開発するので、ユーザーの利益が大きくなり、ウィンドウズを採用するユーザーが増える。流行もネットワーク効果が働いている。購買行動は消費者自身の好みだけでなく、他の消費者の行動にも影響される。

マルチサイド・プラットフォームは複数の市場を架橋し、調整できるので、正の間接的ネットワーク効果を産み出すようにデザインされる。ショッピングモールはフィジカルなプラットフォームであり、ソフトウェア・プラットフォームはバーチャルなそれであるが、共通点がある。モールのテナントは商業者であり、買い物客はフリーでモールに入場し、駐車場などのアメニティを得る。したがって、テナントはモールの顧客であり、買い物客もモールの顧客である。モールのデベロッパーはプラットフォーム企業として、これら異なる二つの顧客を架橋する仲介者である。テナントはモールが消費者を誘引することから利益が得られるし、共有部分への重複投資を回避できる。このような投資の回避によって小売価格が下がり、消費者は利益を得る。

　バーチャルなプラットフォームではエンドユーザーはテレビゲーム市場でソニーのプレイステーション、マイクロソフトのＸｂｏｘ、任天堂のＷｉｉのようなコンソールを購入すると、多数のサードパーティのゲーム・デベロッパーにアクセスすることで、多くのゲームを利用できる。同様に、プラットフォームではウィンドウズのメディアプレイ、スマートフォーンのアップルのようなワイヤレス・サービスからマルチサイド・プラットフォームを通じて、何千ものデベロッパーからいろいろなコンテンツ（ゲーム、ニュース、音楽、映画など）にアクセスすることができる。

　間接的ネットワーク効果は複数の市場を架橋することから生まれるだけでなく、本書第六章と第七章でみるが、イノベーションについても働く。前章で述べたように、エコシステムは多段階のレイヤと同じレイヤ内で複数の企業からなっている。ある部品のイノベーションが他企業へ直接影響を与えるだけでなく、他のレイヤの企業にも影響を与える。例えば、ゲーム産業で、コンソールメーカー（ゲーム機のプラットフォーム企業）のイノベーションによってネットワークが大きくなると、ゲーム・デベロッパーがそのゲーム機のソフトウェアを提供して、そのソフトウェアの需要が大きくなると、そのゲームコンソールの需要が大きくなる。

　プラットフォーム企業は間接的なネットワーク効果を利用するため参加者の利益を調整する。プラットフォームが構築されるのは、外部効果があるが、取引コストがあるため、複数の顧客グループがこの外部効果を直接内部化できない状況である。同時に、プラットフォームは取引コストを節約しながら外部効果を解決するような技術を提供している。

間接的ネットワーク効果が働かないマルチサイド・プラットフォームも存在する。これは複数のサイドの市場の特定のメンバーがお互いで相互作用することに決定したあと、ある顧客がプラットフォームを選択する場合である。その例はオンラインチケット販売である。消費者はチケットが必要となる時点でプラットフォームに参加する。このような場合、消費者はチケットの売手がプラットフォームに参加しているかには関心がないので、間接的ネットワーク効果は働かないが、オンラインチケット販売はマルチサイド・プラットフォームである。

また、広告支援メディアは間接的ネットワーク効果が働かないマルチサイド・プラットフォームである。消費者は、どの広告主がプラットフォーム（この場合メディア）に参加しているかに関心を持たないし、多くの広告に無関心であるので、間接的ネットワーク効果が働かない。しかし、広告メディアは広告主と消費者のコミュニケーション（直接の相互作用）を促進している。これに対し、多数のマルチサイド・プラットフォームはある顧客との取引が増えれば増えるほど、他の顧客との取引が増えるような間接的ネットワーク効果が働くようにプラットフォームをデザインする。

伝統的なマーケティング・チャネルで製造企業、小売企業、消費者間の取引を考えてみよう。このとき、純粋な市場取引では間接的ネットワーク効果は働かない。消費者は小売企業の品揃えに関心を持つが、製造企業は小売企業に販売すれば、取引が終了するので、小売企業の売上には関心がない。そこで、製造企業は間接的ネットワーク効果を働かせるために、小売企業と消費者との取引を制約しようとする。これが製造企業による垂直的取引制限である。

小売企業と製造企業との間で売れ残りの在庫について返品制の契約を結ぶとしよう。したがって、在庫リスクは小売企業と製造企業間で分担されている。このとき、製造企業は小売企業にどれくらいの消費者を誘引するかに関心を持つ。さらに、小売企業の利益が製造企業からの品揃えに依存するとすれば、間接的ネットワーク効果が働いている。

間接的ネットワーク効果が働くには小売企業が製造企業から商品を購入して、消費者に再販売していることが必要条件である。さらに、製造企業と小売企業間に返品制の契約が結ばれていることが十分条件である。もし、返品制がとられなければ、製造企業は小売企業に販売すれば、取引は終了し、小売企業の売上には関心がなくなる。しかし、間接的ネットワーク効果が働いていても、この小売企業はマルチサイド・プラットフォームではない。このケースでは小売企業は再販売企業であって、製造企業と消費者の直接取引（相互作用）を促進してはいない。

第四節　商業者とマルチサイド・プラットフォームの違いは何か

(1) 商業者モードとプラットフォームモード

商業者（卸売企業、小売企業）は供給企業や消費者と製品やサービスの売買関係にある。商業者は供給企業から製品を購入し、顧客に再販売する。したがって、マーケティングコスト、管理コスト、在庫コストは商業者が負担する（以下商業者モードという）。商業者モードでは供給企業と小売企業と直接取引（顧客間の直接の相互作用）が行われていない。製造業者や小売企業の広告は消費者への一方向コミュニケーションであるが、この広告は製造業者や小売企業の主な活動ではない。

マルチサイド・プラットフォームは供給企業と消費者間で情報を架橋し、情報のマッチングを行っている（これをプラットフォームモードという）。プラットフォームモードでは、供給企業は製品を一定の価格（供給企業間の競争で決定される）でプラットフォームに参加（加入）している消費者に直接販売する代わりに、プラットフォームの利用料を各々の供給企業や消費者が負担する（現実には消費者は負担しないことが多い）。プラットフォームは顧客間の相互作用を促進する（Hagiu［2007］, Hagiu and Wright［2011］, 中田［二〇〇九］第三章）。

商業者モードとプラットフォームモード間の主な差異は、商業者は財を所有して消費者へ再販売するのに対し、プラットフォームモードでは供給企業（顧客）が消費者（顧客）に製品を直接販売（直接の相互作用）する。プラットフォームは供給企業と消費者との情報のマッチングを行って、顧客間の相互作用を促進する。

スーパーマーケットやコンビニエンスストアのような伝統的な小売企業は商業者であって、マルチサイド・プラットフォームではない。商業者は消費者や供給企業と直接契約を結んで、取引を行っている。スーパーマーケットが供給企業から商品を買い取って、再販売しないで供給企業に陳列棚のスペースをレンタルするとしよう。そして、スーパーマーケットはレイアウトと商品の価格を決定するとしよう。このケースでもスーパーマーケットはマルチサイド・プラットフォームではない。スーパーマーケットは消費者への販売をコントロールし、取引がスーパーマーケットと消費者間で行われているので、消費者と供給企業間の取引を促進しているとはいえない。

では、供給企業（製造企業）が商業者に垂直的取引制限（流通系列化）を行っている場合はどうであろうか。供給企業は商業者の活動の一部をコントロールしているが、消費者は小売企業と売買を行っているので、この小売企業はプラットフォームではない。

百貨店は供給企業と消化仕入を行っていることが多い。これによって百貨店は売れ残りの在庫のような販売リスクを供給企業と分担し、返品制をとっている。さらに、アパレル製品にみられるように、百貨店は供給企業（アパレルメーカー）に箱貸しをして、供給企業の派遣社員が実質的に販売していることが多い。この場合でも、消費者は百貨店と取引を行っているので、百貨店はプラットフォームではない。

商業者モードであっても局所的にプラットフォーム化したり、プラットフォームモードであっても、商業者モードを一部持っていることがある。したがってすでに図表3－4で示したように、一方の極に商業者モード、他方にマルチサイド・プラットフォームモードが連続していると考える方が現実的である。

eBayは完全にマルチサイド・プラットフォームであるが、アマゾンは商業者モードとプラットフォームモードの二つの側面をもつが、マルチサイド・プラットフォームよりである。百貨店は商業者モードであるが、最近ではフロア貸しのように、局所的にプラットフォーム化している。また、コンビニエンスストアは多様なサービス（例えば、ATM、宅配便の取り扱い、チケット販売のようなのタスク）をしているので、局所的にプラットフォーム化している。

(2) 取引コストの節約

再販売企業はいろいろな顧客タイプの間との取引（売買関係、直接的相互作用）を仲介するので、固定的な資本投資や個々の顧客との売買に関係する投資をする必要がある。したがって、マルチサイド・プラットフォームよりも高いコストを負担する。有形の製品であっても、デジタル製品であっても、再販売企業は供給企業から購入するので、在庫投資、配送システムなどに投資する。したがって、成長を最大化したり、または新規事業（ベンチャー）を立ち上げる場合、資源の制約があるので、マルチサイド・プラットフォームが有利である。

しかし、マルチサイド・プラットフォームでは間接的ネットワーク効果が働くので、ベンチャーにとってはメリットとデメリットがある。メリットは資本を節約できることである。しかし、あるサイドの顧客は他のサイドの顧客が当該プラットフォームに参加するまで、参加しなくなる。いわゆる卵が先か、鶏が先かという負の期待（負の外部効果）が存在する。再販売企業は製品を購入し（自ら投資するので）、再販売するので、このような負の期待が発生しない。

商業者は売手から製品を購入して販売するため、物的資本へ投資、在庫コストが必要となるので、マルチサイド・プラットフォームよりもコストがかかる。これに対して、マルチサイド・プラットフォームでは売手と買手が直接取引をするので、マージンは高くなる。例えば、純粋なプラットフォームであるｅＢａｙのマージンは二〇一〇年で約二〇％であるのに対し、商業者モードのウォルマートやアマゾン全体のマージンは三％から四％である（Hagiu and Wright [2011]）。

アマゾンについては次章で詳しく述べるが、正確にはマルチサイド・プラットフォーム、再販売企業、サービス供給企業（供給企業にウェブサービスを提供している）の側面をもつハイブリッドモードである。しかし、アマゾンの取り扱い商品の大半は供給企業と消費者の直接取引を媒介し、情報のマッチングを行っているので、マルチサイド・プラットフォームである（Jiang, *et al.*［2011］, Owen［2011］, 中田［二〇一二a］）。ソフトウェア非小売部門（インプット供給企業・サプライヤーとマルチサイド・プラットフォーム）からのマージンが三〇％から四〇％であることから（Gallagher［2011］）、再販売業からの利益のウェイトは低い。したがって、アマゾンはマルチサイド・プラットフォームの側面が強い。

商業者のような再販売企業は売手と買手の取引を仲介し、売手と買手の取引コストを節約する。商業者は売買を集中化し、規模の経済性を活かしているので、マージンが低くても、利益の総額は大きくなる。商業者はロジスティックス（倉庫、物流センター）へ固定的投資を行い、自らの取引コストが節約されるので、販売価格は低下する。

ショッピングモールまたはｅＢａｙ、アマゾン、楽天のようなプラットフォームでは、顧客が多様でかつ相互に無関連な取引が行われているが、規模の経済は再販売企業よりも働かない。しかし、取引が多様であるので、マルチサイド・プラットフォームは多数の特異的な取引を集約すると、無関連な規模の不経済を避けることができるので、マルチサイド・プラットフォームは高いマージンを得られる。

次に、売手が大規模製造企業である場合、再販売企業とプラットフォームと同じ条件で取引するであろう。また、スーパーのような大規模店は規模の経済を活かして、流通コストを下げるだけでなく、交渉力が強いので、製造企業からより低い価格でその製品を購入することもできる。さらには、再販売企業は製造企業と排他的取引を行って、特定の製造企業の製品を取り扱う。しかし、プラットフォームは売手と買手の取引を促進するので、売手と買手は幅広い選択ができる。

(3) 情報の非対称性と製品間の調整

再販売企業とマルチサイド・プラットフォーム企業の間の重要な違いの一つは、再販売企業は買手にどのような条件で販売するかを選択できるが、後者は市場を経由して売手の相互作用の条件を決定する。買手が製品・サービス、売手に関する情報を持っていない場合や、製品やサービスの品質について市場から情報が得られない場合、および買手の製品に関する情報の処理能力が制約される場合には、再販売企業による取引の方が効率的である。これは新製品や複雑な製品の販売のケースである。再販売企業は買手に応じた情報を提供し、その選択を限定するので、買手の意思決定が容易になる。

例えば、エレクトロニクスの大規模店はセグメント毎に店舗を配置し、販売員が消費者に異なった製品情報を提供する。前述のように、アップルのｉＴｕｎｅｓはデジタル製品のスーパーマーケットともいうべき商業者モードであるが、音楽や映像のソフトウェアの著作権問題を解消し、価格を標準化して、ユーザーの探索コストを節約している。

逆に売手と買手間で情報の非対称性が小さいとき、マルチサイド・プラットフォームの方が効率的である。買手が製品・サービスの多様性や品質を知っていれば、プラットフォームが提供する情報を容易に処理し、探索コストを節約しながら買手のニーズに応じた取引が可能になる。このように、商業者モードが効率的か、プラットフォームモードが効率的かは製品のライフサイクルによって異なる。一般的には製品ライフサイクルの初期には商業者モード、成熟期ではプラットフォームモードが効率的である。買手が多様であり、その情報が人によって異なっているので、プラットフォームモードと商業者モードが同時に併存することが多い。

情報の非対称性に関連したメカニズムは評判である。売手と買手間に品質について情報の非対称性が存在する場合、売手が製品属性を偽る可能性がある。マルチサイド・プラットフォームはこのような売手の逆選抜を抑制するために、高い品質の製品には報酬を与え、低い品質の製品にペナルティを与えるメカニズムがある。それはアマゾンやｅＢａｙに見られるような製品の評価システムである。商業者は高品質の製品のみを購入することによって評判を確立して、品質を保証しようとする。

製品ＡとＢが補完関係にある場合、再販売企業は両者を購入しているので、両者の価格、保証、ディスプレイをコントロールできるので、補完関係ないしは代替関係に対処できる。例えば、再販売企業は、あるヒット商品とそれに関連する商品を近接にディスプレイして購入者を誘引することができる。マルチサイド・プラットフォームはレコメンデーション・システムで補完性ないしは代替性を調整するが、売手と買手の取引を促進するので、再販売企業のように補完的ないしは代替的関係にある商品を調整することが困難である。

(4) 売手と買手の直接取引

マルチサイド・プラットフォームは顧客間の取引を促進するので、製品やサービスについての所有権は顧客がもっている。したがって、顧客がマルチサイド・プラットフォームを通さないで、直接取引を行うことがある。例えば、オンライン・プラットフォームが決済機能と売手の評価システムをもつだけになったり、売手と買手が不動産を直接取引したりするように、プラットフォームの情報のマッチング機能が失われることがある。また、コンサルティングのような専門的知識の相互作用が必要とする場合、提供企業とクライアント（顧客）との取引関係が密接になって、プラットフォームの交渉力が弱くなって、売手と買手の直接取引が優位になる。

顧客がマルチサイド・プラットフォームに参加する理由は、取引コストを節約することと、評価システムによる評判効果である。マルチサイド・プラットフォームは多数で多様な顧客が参加しているので、参加者は取引相手の選択が広がる。しかし、個々の顧客が直接取引を行うと、双方の取引コストが節約される。特に、インターネットは探索コストを制約して、顧客間の直接取引を可能にする。これは内部プラットフォームを用いる電子商取引企業にみられる。

電子書籍が増加してくると、著者が顧客と直接取引するかもしれない。アマゾンのキンドルを通じてテキスト（Ｔｅｘｔ）プラットフォームなどを用いれば、著者が電子書籍を直接出版して、電子書籍の所有権や価格をコントロールすることができる。このような顧客間の直接取引はオンラインのＰ２Ｐ（peer - to - peer　仲間間）で行われている。例えば、プロスパー（Prosperhttp://www.prosper.com/）のような金融業務、ペイパル（https://www.paypal.jp/jp/home/）のような決済システムでもマルチサイド・プラットフォームを経由しないで、顧客間の直接取引が行われている（Fowler and Trachtenberg [2010]）。このように、技術進歩によって、プラットフォームを経由しない電子商取引業者やＰ２Ｐのような顧客間の直接取引が行われるケースがある。さらには、インターネット通信販売企業（ネット通販）の内部プラットフォームがマルチサイド・プラットフォームの競争相手となる。

第五節　部品・サービス供給企業とマルチサイド・プラットフォーム

(1) 補完的関係

部品供給企業やサービス供給企業のプラットフォームはハードウェアでは必要不可欠な部品、ソフ

図表3-5　部品，サービスの供給企業か，プラットフォームか？

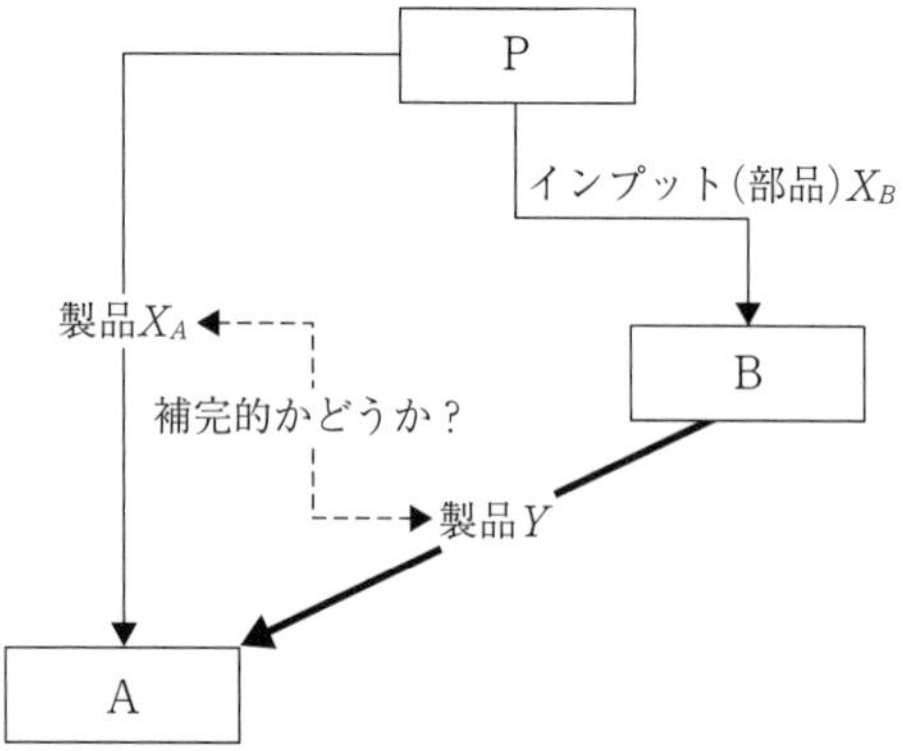

（出所）Hagiu and Wright［2011］.

トウェアではAPI（application programming interface）をデベロッパーやユーザーに提供する。APIは異なるソフトウェア間のやりとりを行うことができるインターフェイスの仕様である。P企業が2つのタイプの顧客A、Bと取引しているとしよう。AがPから製品またはサービスX_Aを購入し、BはからX$_B$を購入し、製品Yを生産するとしよう。BはYをAに販売し、AがPに参加するかどうかに関係なく、Yを利用するとしよう。これらは図表3－5で示されている。

X_AとYがまったく独立製品であるとする。AはPに参加しないで、Bと直接取引（直接の相互作用）を行ってYを購入することができる。また、PはBへのインプット（X_B）供給企業であり、Bはこれを利用してYをAへ販売し、PはAに対してX_Aの直接の売手である。したがって、Pはマルチサイド・プラットフォームではない。しかし、X_AとYが厳密に補完関係にあって、X_AとYが単独では価値を生まない場合には、Pはマルチサイド・プラットフォームである。この場合、顧客AはYを利用するためにはPに参加して、X_AをPから購入しなければならない。

(2) インテルのケース

インテルはMPU（PCの中枢半導体）を供給するPCのコアとなるインプット（部品）供給企業である。一九九〇年代初期からインプット供給企業からマルチサイド・プラットフォーム化に移行した。インテルは、マイクロプロセッサー（重要な処理部門であるMPU）と関連するプロセッサー（チップセット、マザーボード、インターフェイス）を生産している。MPUは、全体としてOSとチップセットによって、ユーザー命令に応じてデバイスをコントロールして、ソフトウェアを実行する。

インテルは一九九二年にコンソーシアムを主導して、PCの標準規格（PCIバス）を行い、PCの要素を標準化した。PCIバスはPC・システムの多数の構成要素を連結するインターフェイスである。これによって、PCの組立企業、ハードウェアとソフトウェアのデベロッパーは容易に相互作用することができるようになった。ハードウェア・プラットフォームは、機能的に処理するようにソフトウェアと周辺ハードウェア・デバイスに必要なフィジカル・アーキテクチャを提供する。この結果、PCの内部インターフェイスはほとんど標準規格化され、PCはオープン・モジュラーアーキテクチャーの代表的な製品となった。このようにインテルのMPUがマルチサイド・プラットフォームとなって、部品間を接続している。

プロセッサーのスピードが加速度的に増大するので、インテルはデベロッパーやユーザーのニーズを満足させるように、チップの需要を刺激しハードウェアとソフトウェアでイノベーションを進めなければならない。図表３－５でプラットフォームがインテルで、Ｂがハードウェアやソフトウェアのデベロッパー、ＡがＰＣの組立企業、X（X_AとX_B）がＭＰＵ、インターフェイスなど部品（ハードウェア）、Yがマザーボードである。このように、インテルのＭＰＵはマルチサイド・プラットフォームである。

(3) セールスフォースのケース

セールスフォース（Salesforce）は、小中規模の企業向けの顧客関係マネジメント・ソフトウェアのウェブベースのプロバイダとして一九九九年に設立された。二〇〇五年にもう一つのサイド（市場）として、サードパーティのソフトウェア・デベロッパー向けにＡＰＩが公開され、サードパーティのデベロッパーが小中規模の企業向けのビジネス・アプリケーションソフトウェアを開発できるようになった。これがForce.comである。Force.comとＡＰＩがマルチサイド・プラットフォームである（図表３－５のX_B）である。Force.comで提供されるサードパティのアプリケーション・ソフトウェアは、顧客関係マネジメント・ソフトウェア（図表３－５のX_A）と補完的である。セールスフォースとForce.comのソフトウェアが補完し合って、ユーザーの価値が高まる。セールスフォースの顧客は、デベロッパーのサイトからウェブ・ブラウザに直接アクセスして利用できる。

図表3－4のように、マルチサイド・プラットフォームとサービス供給企業とは連続している。顧客関係マネジメント・ソフトウェア関連のアプリケーションのシェアが非常に小さいならば、セールスフォースはサービス供給企業に近く、シェアが大規模であるならば、よりマルチサイド・プラットフォームに近づく。換言すれば、連続線上で仲介企業がどこに位置するかは戦略的問題である。マルチサイド・プラットフォームはそこに加入する異なった顧客（ここではデベロッパーと最終ユーザー）間の直接取引を促進する。これに対して、サービスや部品の供給企業は一つのタイプの顧客のみと取引を行う。この場合には、セールスフォースは顧客関係マネジメント・ソフトウェアのユーザー（中小の企業）にのみ提供していれば、サービス供給企業である。

第四章 マルチサイド・プラットフォーム企業の戦略

第一節　マルチサイド・プラットフォームの戦略的要因

(1) 価格戦略

マルチサイド・プラットフォームは複数の市場の顧客と相互作用を行っているので、対象となるサイド（市場）の顧客だけでなく、他のサイドの顧客に影響を与えるという間接的ネットワーク効果が働く。そこで、マルチサイド・プラットフォームは正の間接的ネットワークが働くような戦略をとろうとする。その戦略が顧客に対してプラットフォームの利用価格（以下、価格という）と、活動するサイド数（市場数）で選択である。顧客間が直接取引を行っているので、製品やサービスの価格は市場で決定される。サイド数の決定はプラットフォーム間の競争の選択に関わる問題である。当該プラットフォーム企業がターゲットとする異なる顧客グループの数（市場数ないしはサイド数）の決定である（Rysman［2009］pp.129-136、中田［二〇〇九］第四章）。オープン化のもう一つの大きな目的はイノベーション（本書第六章、第七章で述べる）であるが、ここでは競争問題に限定する。

一つの市場をターゲットとするワンサイド・マーケットではその市場の需要の弾力性と限界費用を考慮して、コストにマークアップして価格を決定する。あるサイド（市場）におけるマルチサイド・

プラットフォームの価格は当該市場の需要とコストだけでなく、その需要が他サイドの顧客に対して影響を及ぼすことから得られる利益に依存する。したがって、マルチサイド・プラットフォームの価格決定は当該サイドだけでなく、それ以外のサイドの価格弾力性とマークアップを考慮しなければならない。

あるサイドでのプラットフォームの利用価格を下げると、価格に敏感なユーザーがそれに参加し、他サイドの需要が拡大するので、その顧客のプラットフォームの価格が上昇する。したがって、あるサイドの顧客に対して限界費用以下の価格をつけたり、フリーにすることがある。例えば、あるサイドで価格に敏感な顧客の参加によって、他サイドで価格に敏感でない顧客がプラットフォームに参加させることができれば、前者の顧客に限界費用以下の価格を設定し、後者の顧客に対しては高い価格を設定する。

マイクロソフトはソフトウェアのデベロッパーがウィンドウズのOSを使って容易に開発できるように、デベロッパーに対して学習プログラムや支援ウェブサイトを提供する。マイクロソフトはデベロッパーの価格をコスト以下に設定している。これに対して、消費者はアプリケーションソフトの多様性や豊富さを評価するので、OSについて高い販売価格が設定されている。

PCではアプリケーション・デベロッパーは複数のプラットフォーム企業に提供する（これをマルチホーミングという）が、多数のエンドユーザーは一つのプラットフォーム、例えばウィンドウズの

ＯＳを利用する（これをシングルホーミングという）。そのためプラットフォームの利用価格が、有効な戦略とは限らない。アップルはｉＯＳを搭載したコンピュータやスマートフォーンをエンドユーザーへ販売して利益を得ている。一方、マイクロソフトは相手先ブランドによる供給（ＯＥＭ）へのライセンス料を得ている。しかし、最終的にコンピュータの価格に上乗せされるので、間接的にエンドユーザーが一部負担することになる。

ソフトウェア・プラットフォームはエンドユーザーからの大半の利益を得るのに対して、テレビゲームのコンソールメーカーはデベロッパーから利益の大半を得ている。ソニーエンターテインメントの場合、六〇～七〇％の利益を得ていた（Evans *et al.*［2006］p.296）。そのうえ、デベロッパーは必要なゲーム開発ツールの固定料金も払うが、これはロイヤルティに比べ小さい。後者のケースでは低価格のコンソールを販売しネットワークを拡大することによって、ソフトウェアで利益を得るというのがもともとのコンソールメーカーの戦略であった。

ＰＣのＯＳの売手がアプリケーション・デベロッパーからの利益を得られないのは、そのプラットフォームがデベロッパーに対してオープンであることが影響している。そのため、これらのプラットフォーム企業がデベロッパーを排除することができない。

対照的に、テレビゲームのコンソールメーカーはクローズド・プラットフォームで、認定されていないデベロッパーをセキュリティ・システムによって排除することができる。これらのセキュリティ・

システムは、デベロッパーにロイヤルティを課すのに必要である。これはＰＣのプラットフォーム企業が、技術的な問題よりもコストと利益の要因によりオープンにしているためである。ゲームのコンソールメーカーは、デベロッパーが特定のコンソールのためにゲームを書き続ける誘因を与えるために、ユーザーの大きなインストール・ベースを拡大することが重要である。ゲームのコンソールメーカーは異時点間の価格差別を行って、初期の購入者には高価格、後期には低価格にして利益を得る。

テレビゲームでは製品の多様性に対する消費者のニーズがコンピュータ・ソフトウェアより大きいと考えられる。ゲーム・ソフトウェアは陳腐化が早く、耐用年数は短いが、コンピュータ・ソフトウェアは少数でしかも耐用年数が長い。テレビゲームのユーザーはＰＣのユーザーよりも製品多様性を選好する。消費者はあるテレビゲームに急速に飽きてしばしば新しいものを要求する。しかも、消費者の観点からみると、テレビゲームはコンピュータのアプリケーション、スマートフォーンに簡単に代替できる。

テレビゲームではデベロッパーがより大きな利益を得る。したがって、プラットフォーム企業はデベロッパーに対して高い利用価格を設定する。これに対して、ＰＣではアプリケーション・デベロッパーからは利益の占める割合は、マイクロソフトでは一〇％以下で、その利益の大半はユーザーから得ている（Hagiu [2007]）。同時にマイクロソフトはデベロッパーを支援している。

マルチサイド・プラットフォームはあるサイドでは特定のプラットフォームを使用し、他のサイドでは複数のプラットフォームを利用することがある。例えば、消費者が特定のクレジットカードを利用し、クレジットカードを利用できる店舗は複数のカードを利用可能にする。したがって、プラットフォームが特定のサイドでは独占的に行動し、他のサイドでは競争的であることがある。

したがって、特定のプラットフォームでは顧客への価格の切り下げは大きな影響を与えるが、複数のプラットフォームが利用できるサイド（カードと店舗間）では価格競争の影響はほとんどない。クレジットカードではカード保有者の手数料は低いが、店舗には取引毎に定額の利用料をとる。このように、消費者は特定のカードを利用することが多いので、カードのネットワーク間の競争が、カードのネットワークとキャッシュでの決済間の競争よりも重要である。

これまで述べたことは顧客毎に異なる利用価格を設定するという価格差別であるが、顧客の異質性に関連した価格差別がとられる。例えば、スーパーマーケットがクレジットカードの利用をしばらく拒否した。しかし、スーパーマーケットでの取引量が大きく、来店客が他の状況でも利用するので、支払いカード会社にとって来店客は非常に好ましい顧客である。そこで、カード会社（プラットフォーム企業）はスーパーマーケットの手数料を下げて、スーパーマーケットでのカード利用を増やした。このような価格差別はソニーやマイクロソフトのようなゲームのコンソールメーカーはそのソフトウェアの販売企業を優遇することにも見られる。

さらに、プラットフォームは製品のライフサイクルの初期にはプラットフォームの利用料を低価格に設定し、成熟するにつれて利用料を上げるという浸透価格政策をとったり、フリーにすることもある。例えば、アドビはPDFの標準化を確立するためにアクロバットリーダーをフリーにし、アドビ・アクロバットのような周辺製品で利益を得ている。

(2) プラットフォーム間の競争

マルチサイド・プラットフォームの戦略的問題の第二は、当該プラットフォーム企業がターゲットとする異なる顧客グループの数（サイド数ないしは市場数）である。これはプラットフォーム間の競争に関連している。プラットフォームが、二つの異なる顧客グループをもつツーサイド・プラットフォーム（two-sided platform）なのか、三つ以上のマルチサイド・プラットフォームなのかである。

サイド数からみていくと、アップルはそのコンピュータ・ハードウェアとそのOSについては現在ではクローズドであるが、ソフトウェアについてはオープンである。一方、マイクロソフトはOSだけをコントロールして、ハードウェアやソフトウェアのデベロッパーに対してはアクセスをオープンにしている。しかし、市場が進化するにつれて、プラットフォームは統合戦略をとって、サイド数を少なくしている。

マイクロソフトの事業をブラウザ・マーケットと考えると、スプレッドシートのデベロッパー、ワープロソフトウェア・プロバイダー、ブラウザー・プロバイダーなどのマルチサイド・プラットフォームである。このうち、スプレッドシート、ワープロソフトウェア、ブラウザーについては統合し、サイド数を減らしている。さらに、アマゾンは書籍の再販売企業から出発して、現在ではマルチサイド・プラットフォームへと進化している。

この意味ではマルチサイド・プラットフォームへの進化の要因は、マルチサイド・マーケットが先験的に存在するのではなく、技術的要因と企業の戦略である。例えば、パーム（Palm）はＰＤＡ（パーソナル携帯情報機器）は導入時にはハードウェア、ＯＳ、アプリケーション・ソフトウェアを生産した。しかし、製品が成熟化してくると、ソフトウェアやハードウェアをオープン化している。

次に、オープン化の第二の意味はライバルのプラットフォームと互換性をもたせるかどうかである。これはプラットフォーム企業間の競争に関連している。前者は垂直的統合、後者の水平的な関係の議論に類似している。互換性についても連続線上で考える必要がある。例えば、ＡＴＭのネットワーク（プラットフォーム）は加入する銀行と銀行カードを所有する預金者と取引できる。しかし、追加料金を支払うと、加入していない銀行と取引できる。これはＡＴＭが完全ではないが、互換性をもっていることになる。

カードやゲームコンソールのように、互換性を持たない場合、消費者は複数のカードやゲームコンソールを所有する。消費者は複数のプラットフォームに加入してマルチホーミングをとることが多い。プラットフォームは非互換性をとって顧客を囲い込もうとするが、消費者はマルチホーミングによって複数のプラットフォームに加入することができる。これに対抗して、プラットフォームは排他的なメンバーシップまたは利用を奨励しようとする。例えば、クレジットカード会社は報酬プランを使って、消費者が排他的に利用する誘因を与える。同様に、ゲームコンソールはデベロッパーと排他的な開発契約を結ぼうとする。

あるサイドの顧客がある期間では一つのプラットフォームだけしか利用できなければ、プラットフォームはそれ以外のサイドの顧客のアクセスに対して、独占価格を設定することができる。それによって当該プラットフォームは独り勝ち（ウイナーテイクオール）することができる。これについては三つの可能性がある（Rysman［2009］, p.134）。

第一にスタンダードが差別化されていれば、複数のプラットフォームが共存する。例えば、ＰＣではマイクロソフトとアップルが共存している。これは両者が異なる顧客をターゲットとしているからである。マイクロソフトはビジネス関係、アップルはグラフィックスと教育関係をターゲットとしている。

第二に顧客が複数のスタンダードを容易に利用できれば、独り勝ちはおこらない。ゲームのソフトウェアに見られるように、複数のスタンダードのゲームを開発する固定コストが特定のソフトウェアを開発するコストよりも低下していくと、プレイステーション、任天堂、Ｘｂｏｘなどの複数ゲームコンソールが併存する。

第三に補完的製品のデベロッパーが一つのプラットフォームを選択してから、補完的製品を差別化できれば、そのプラットフォームは独り勝ちになる。このように、プラットフォームが別々のスタンダードを選択して、差別化できれば、複数のプラットフォームが共存する。しかし、差別化できなければ、独り勝ちするプラットフォームが現れる。最終消費者を顧客に含むプラットフォームは成功するが、企業間の取引でプラットフォームが介在することが少ないのは、企業間では取引の対象が差別化できないことと、企業間で長期継続的な取引が多いためである。

マルチサイド・プラットフォームはワンサイド・マーケットと違って複数のサイドでの取引を媒介するので、あるサイドの顧客への戦略がそれ以外の顧客に影響を及ぼす。あるサイドの顧客への広告がそのサイドの顧客数を増やすと、間接的ネットワーク効果によって他のサイドの需要を増やすので、プラットフォームの利用料を上げる。例えば、プレイステーションの広告が販売を増加させるとすると、プレイステーションのデベロッパーの需要が拡大するので、ソニーはデベロッパーのプラットフォームの利用料を上げる。

第二節　プラットフォームの構築と競争

(1) プラットフォーム戦略の意義

プラットフォーム企業のビジネスモデルはその戦略によって進化する。これはプラットフォームの構築戦略とプラットフォームの競争戦略からなり、プラットフォーム企業が新規参入企業であれば前者が、既存企業であれば後者に関係する。

すべての製品、技術またはサービスを提供する企業がプラットフォーム企業になることができるというわけではない。製品、サービスまたは技術がプラットフォームとなる可能性があるのは、次の二つの前提条件が必要である（Gawer［2009］p.64）。

(1)　技術システムにコアとなる機能を提供できるかどうか。

(2)　多数企業のビジネス問題の解決できるかどうか。

まず、(1)についてはシステム全体が特定の製品ないしは技術がなくても、機能するかどうかである。例えば、マイクロソフトのウィンドウズのＯＳとインテルのＭＰＵは、ＩＢＭとＩＢＭ互換機ＰＣの両方に必要なプラットフォームの構成要素であった。これら二つの条件は製品や技術が互換的かどうかである。さらに、デベロッパーが補完的で相互運用可能な製品やサービスを開発することができるかどうかである。

次に、企業戦略で、製品戦略とプラットフォーム戦略とは区別しなければならない。製品は企業に所有権があるので、他企業にクローズドになっている。エコシステムのプラットフォームは参加企業が相互依存関係にあり、オープンな基盤技術やサービスを需要側と供給側の顧客に提供する。製品戦略と違って、プラットフォーム企業はプラットフォーム間の競争だけでなく、補完企業によるイノベーションから利益を得る。プラットフォーム・リーダーはエコシステムにおける技術進化、製品、システム・デザインと顧客間の取引関係を調整する。極端に言えば、プラットフォーム・リーダーは自らイノベーションを行うのではなく、参加企業がイノベーションを促進する誘因システムを構築しなければならない。この点は製品戦略と大きく異なる。

プラットフォーム企業のビジネスモデルとして、プラットフォームの構築戦略とプラットフォームの競争戦略を考えよう（Gawer and Cusumano [2008], Gawer [2009]）。プラットフォームの構築戦略は、産業にプラットフォームが存在しないとき、市場だけでなく技術的システムについて、要素（技術、製品またはサービス）を識別し、デザインし、それを基本ないしはコアとしてプラットフォームを構築することである。プラットフォームの競争戦略は、プラットフォーム企業間で競争が行われている状況でプラットフォーム間の競争を優位にする戦略である。これらの戦略はマーケティング、価格、

図表4-1　プラットフォーム戦略

戦略＼課題	技術・デザイン問題	ビジネス・アクション
プラットフォームの構築戦略	▶システム問題の解決 ▶補完企業のアドオンの促進 ▶選択的知的所有権の設定 ▶プラットフォームと補完企業の相互依存の強化	▶参加企業のビジネス問題の解決 ▶補完企業によるイノベーションの誘因の提供 ▶利益の源泉の確保 ▶高いスイッチング・コスト
プラットフォームの競争戦略	▶模倣が困難で、ユーザーを誘引するフィーチャの開発 ▶バンドル化	▶補完企業に対してライバルより高い誘因の提供 ▶オープンコミュニティ ▶ユーザーを誘引するプラットフォームの利用価格の設定

（出所）Gawer［2009］p.65を修正して筆者作成。

製品開発、コアリション構築に関係している。

プラットフォーム戦略の概略は、図表４－１に要約されている。

(2) プラットフォームのビジネスモデル――グーグルのケース

ここでは、プラットフォーム企業のビジネスモデルとしてグーグルの事例を取り上げよう。まず、グーグルがどのようにプラットフォームを構築したかを見ていこう。

グーグルは、インターネット探索技術で新しいプラットフォームを構築した。グーグルは一九九八年に単純な探索エンジン会社を立ち上げ、インターネットのナビゲーションとして所有権のある探索技術を確立した。まず、グーグルは技術的問題に既存のソリューションを改善し、インターネットを通じて、何百万ものウェブサイト、文書と他のオンライン・コンテンツから検索する方法を確立した。その探索エンジンの利用についてはユーザーにフリーで提供されている。次に、グーグルはツールバーにウェブサイト・デベロッパー（補完企業）とユーザーにアクセス技術を埋め込んで、公開した。これによって、デベロッパーの技術の公開、アクセス、開発が容易になった。また、異なる種類の情報またはグラフィックスで探索を組み合わせることによって、ユーザーは多様に使うことができた。

グーグルがインターネット探索でプラットフォーム・リーダーとなった最大の要因は、そのビジネスモデルにある。グーグルは基本的な技術問題を解決したが、インターネットを利用することからどのように利益を得るかが当初はっきりしていなかった。グーグルはユーザーの探索に広告とリンクさせた。グーグルは、マルチサイド・プラットフォームの大きな特色であるユーザーの市場と広告市場の間接的ネットワーク効果から利益を得るビジネスモデルを確立した。前者をフリーにして、広告主はユーザーのクリック数に応じて広告料を支払う。このように、グーグルは大企業だけでなく、中小企業も広告を提供できるというロングテール戦略をとった。

広告が特定の探索にのみ表示されるので、ユーザーはその広告に関心をもつ。その結果、広告主とインターネット・ユーザーの関係を再アーキテクト化することによって、グーグルは広告産業にイノベーションをもたらした。このようにして、グーグルはプラットフォームの構築戦略に成功した。

同時に、グーグルはプラットフォームの競争戦略にも成功した。一九九〇年代半ばには、デジタル・イクィップメント（Digital Equipment Corp）はインターネット（AltaVista）のための強力な探索エンジン・ツールを出し、Yahoo! も参入した。しかし、グーグルはデベロッパーにＡＰＩを提供して、デベロッパーはウェブサイトで探索、地図とカレンダーのようなグーグルのアプリケーションを埋込み、カスタマイズした探索エンジンを開発することができた。さらに、ユーチューブを買収し、動画をとりこんだ。また、グーグルはフリーの電子メールやワードプロセッシングのようなオンラインソフトを提供した。加えて、携帯電話、スマートフォーン、ＰＣのＯＳを無料でその組立企業に提供した。補完企業（デベロッパー）を組織化し情報を共有化するために、二〇〇七年に最初のデベロッパーのコンファレンスを開催した。

グーグルは上述の検索エンジンだけでなく、携帯端末のＯＳでプラットフォームを公開し、タブレットＰＣを販売している。ＯＳはプラットフォームであるが、タブレットＰＣは統合している。スマートフォーンやタブレットＰＣなど携帯情報端末のプラットフォームとして、アンドロイドを提供している。グーグルは、アンドロイドをフリーのオープンソース・プロジェクトのプラットフォームであるとして無料公開している。しかし、端末販売企業はソースコードの変更点を開示しないので、フリーソフトウェアとはいえない。アンドロイドは後述するリナックスベースのモバイル用のＯＳである。現在日本やアメリカでのシェアは一位である。

さらに、グーグルは二〇一二年にタブレットのネクサス7とネクサス10を発売した。前者は台湾のエイスース、後者は韓国もサムスン電子と共同開発である。このタブレットのOSにはアンドロイドが用いられている。後述するように、一方ではプラットフォーム戦略としてアンドロイドを公開し、同時に製品戦略としてタブレットを生産販売している。グーグルは一方ではオープンソース・プロジェクトを採用しつつ、タブレットの生産には他企業と協業している。これまではアンドロイドとタブレット製造企業は補完関係、したがって協調関係にあったが、ネクサスの販売によってアンドロイドを使用している生産企業と競争関係に転換した。製品戦略とプラットフォーム戦略の同時追求については本章第四節で述べる。

ガワーは、プラットフォームの構築戦略のポイントとして次の七つをあげている（Gawer［2009］p.66）。

(1) 新しいプラットフォーム・アーキテクチャの開発
(2) プラットフォームの機能のデザイン
(3) 補完企業の参加促進とその企業との知的財産の共有
(4) 多様なニーズに対応できる補完企業の発見
(5) ビジョンの共有、リスク分担、イノベーションの実行できるようなコアリションの構築
(6) 補完企業に対して必要な要素の継続的な提供とイノベーション

(7)　調整活動への投資と情報仲介者の評判の確立

後述するように、プラットフォーム企業は補完企業がエコシステムへ参加して、イノベーションを促進する誘因システムを構築する必要がある。グーグルのように、タブレットPCを販売することは上述の(6)と(7)について、デベロッパーのイノベーション活動を阻害する恐れがある。

第三節　プラットフォームの競争戦略

(1)　オープンソース・プロジェクト戦略

次に、既存企業のプラットフォーム企業の競争戦略を考えよう。このとき、その企業が構成要素プロバイダーであるか、システム・インテグレイターであるかどうか区別しなければならない。既存企業が前者であれば、参入プラットフォーム企業がより大規模なプラットフォームの一部として特定的構成要素をバンドル化することが多い（Eisenmann *et al.* [2007]、中田［二〇〇九］第五章）。新規参入企業がプラットフォーム市場に参入する場合、隣接した市場から技術的なフィーチャを吸収して、バンドル化して、プラットフォームを拡張する。

これに対する競争戦略は、マルチサイド・プラットフォームが複数の市場で情報を仲介しているので、あるサイド（市場）の企業とマーケティング、製品開発でコラボレーションを構築することである。例えば、ノキアは、マイクロソフトのモバイルのOSの開発に対抗して、シンビアンのOSについてライバル企業と協力し、サポートした。最近ではグーグルに対抗するため、マイクロソフトとノキアが提携している。同様に、サーバーのOS市場でユニックスとウィンドウズに対抗して、リナックスのユーザーとサービス・プロバイダーがコラボレートした。

リナックスは、ウェブサーバーのOS市場でプラットフォームの競争戦略が成功したケースである。このOSはフィンランドの大学院生トーバルズ（L. Torvalds）がUNIXデザインに基づいて、一九九一年に開発された。リナックスはフリーのオープンソース・プロジェクトとして進化した。トレーニングを受けたユーザーはリナックスを使いやすいが、平均的なユーザーの利用は制約される。その結果、ウィンドウズに比べて、リナックスにはアプリケーション・ソフトウェアが少ない。

しかし、リナックスはサーバーのOSでは急速に成長し、シェアの半分以上を占めている。サーバー市場でリナックスの競争相手はユニックスとマイクロソフトである。これらのOSはリナックスより価格が高い。しかし、リナックスのユーザーにはインストールとトレーニングのようなサポートサービスを必要とする。インテルもMPUをリナックスに適応させて、ハードウェアのコストを減らした。マイクロソフトは二〇〇七年にノベル（Novell）社と契約して、ウィンドウズがリナックスと相互運用できるようにした。リナックスはオープンソース・プロジェクトなので、ウェブマスターのアパッチ（Apache）ソフトウエア財団によるフリーで、オープンソース・ウェブサーバ向けのキラーアプリケーションによって成長した。

アパッチはNCSA httpd Ver.1.3をベースとして、一九九五年にだれでも無償で修正、再配布を行うことができるフリーソフトウェアとして開発された。アパッチは、ベーレンドルフとスコルニック(Behlendorf and Skolnick）を中心として組織されたアパッチグループにより開発された。一九九九年に開発はアパッチソフトウェア財団に移管された。現在ではサーバーの六〇％がアパッチを使用している。

このように、リナックスは強力な会社が存在しないソフトウェアのプラットフォームである。IBMやヒューレットパッカードはサーバーと他のソフトウェアでバンドル化して、サポートサービスを提供した。リナックスは、オープンソース・プロジェクトとしてユーザーとサービス・プロバイダーのオープンコミュニティによるプラットフォームの競争戦略の成功事例である。

次に競争戦略の失敗事例をみていこう。ネットスケープ（Netscape）は、一九九四年にインターネット市場のブラウザーを導入してシェアがトップになった。これに対して、マイクロソフトはフリーのブラウザーをOSにバンドル化した。マイクロソフトがブラウザーを改善していき、ネットスケープのシェアは八〇％から急落した。一方、マイクロソフトはOSの独占的なシェアによって、独占禁止法に違反した。

マイクロソフトのOSのように、支配的なプラットフォームは他のプラットフォーム市場（この場合ブラウザーの市場）に参入するのが容易である。後述するように、参入企業が新しいフィーチャをバンドル化すれば、同じ流通チャネルを利用できるか、フィーチャ間で補完関係を利用して差別化できる。マイクロソフトはブラウザーをOSにバンドル化して、PCメーカーを流通チャネルとして利用すると同時にそのOSは差別化できた。しかも、ブラウザーの開発への投資が可能であった。

一方、ネットスケープは競争戦略を誤ったと思われる。マイクロソフトがフリーでブラウザーを提供したことに対抗するには、同様にフリーにするほかない。ところが、ネットスケープはデルやAOLのようにユーザーに課金し続けた。ブラウザーをフリーにして、ウェブサイトの広告から利益を得るような戦略をとらなかった。

さらに、ネットスケープはエコシステムにおけるプラットフォーム企業としての役割を果たしていなかった。エコシステムにおけるプラットフォームは、ブラウザーをライセンスしているPCの組立メーカー、ウェブアプリケーションのデベロッパー、インターネット・サービスプロバイダーのような補完企業およびユーザーとの相互依存関係を確立しなければならない。ネットスケープはこのようなシステムを確立しないうちに、マイクロソフトと競争した。逆に、ネットスケープがプラットフォーム企業ではなく、マイクロソフトの補完企業になっていれば、生存できたかもしれない。

(2) バンドル化戦略

プラットフォーム企業の戦略は、まずその企業がエコシステムないしはその外部で機能するのかどうか、次にその企業がプラットフォームを所有しているのかどうか、あるいは参入者であるかどうかによって異なる。エコシステム内での攻撃の事例として、マイクロソフトとＩＢＭは意図的に独自のコードを出して、エコシステムの一部を変質させた。また、フィーチャやツールを改善し、リーダーシップを提供することによって、サンマイクロシステムズのジャバを取り込んでプラットフォームを成長させた。これはジャバがオープンシステムを取ったためである。

プラットフォーム企業はプラットフォームの機能を拡大する戦略を取る。第一はプラットフォームをオープンにして、補完企業をサポートすることである。第二は、重要な補完的製品をバンドル化することである。バンドル化によって組織内に専門的知識が蓄積され、ライバルのアクセスを阻止できる。第三は、製造企業と流通企業がマルチサイド・プラットフォームを構築することである。重要なチャネル・パートナーを持つことは優位性を確保できる。例えば、ＮＴＴドコモは通勤客に対してクレジット機能を携帯電話に組み込んだ。

プラットフォーム企業はプラットフォームの要素と共有するユーザーの関係をレバレッジ（てこ）にして、ライバルの機能をバンドル化して、新規市場（これまで扱っていなかった顧客）へ参入することができる。これをプラットフォーム・エンベロプ（platform envelop）戦略ともいう（Eisenmann *et al.* [2007])。

バンドル化は、プラットフォーム企業のプラットフォーム市場の特有の競争戦略である。このような参入方法は製品のケースとは異なる。製品では多機能化によってバンドル化するが、プラットフォームでは異なる顧客のバンドル化である。例えば、プレイステーション、Ｗｉｉ、Ｘｂｏｘのようなゲームのコンソール市場やビザ、マスタードのようなクレジットカード市場ではプラットフォーム企業間で競争が行われている。プラットフォームで異なったアーキテクチャをもつが、あるプラットフォームの利用価格の変化がプラットフォームの取引に影響を与えれば、これらのプラットフォームはライバル関係にある。

プラットフォーム市場では少数のプラットフォーム企業が存在するケースが多い。例えば、マイクロソフトのウィンドウズ、アドビのＰＤＦ、ｅＢａｙのオンラインオークションなどにみられるように、ネットワーク効果が大きい場合、エンドユーザーが複数のプラットフォームに参加する（マルチホーミング）コストは高い。さらに、差別化されたプラットフォーム機能を求めるユーザーの要求は制約されている。したがって、プラットフォーム数は少ない。そのためネットワークの規模が小さいプラットフォーム企業の存続が困難になる。逆に、ユーザーの選好が多様化して、マルチホーミングの要求が強い場合には、複数の多様化されたプラットフォームが提供される。

既存のプラットフォーム企業の市場支配力が高くなると、高い利益が得られるので、新規企業が参入しようとする。しかし、既存プラットフォーム企業の参入障壁は高い。新規の参入企業がこれらの障壁に直面していても、プラットフォームのパフォーマンスが改善され、ユーザーの期待をシフトさせ、スイッチングコストを吸収するように投資すれば、参入は成功する。

例えば、マイクロソフトはウィンドウズ・メディアプレイヤ（Windows Media Player）を出して、リアルネットワーク（RealNetwork）のストリーミング・メディア・プラットフォームをとりこんだ。リアルネットワークは配信企業市場と異なった顧客を調整するプラットフォーム企業である。エンドユーザーはフリーで、リアルネットワークのコンテンツをダウンロードしていた。マイクロソフトは追加的なコストを負担しないで、ウィンドウズのサーバーの標準的なフィーチャとしてストリーミング・メディアサーバーをバンドル化した。また、CATVはTV、電話、インターネット・アクセス・サービスをバンドル化した。

市場支配力をもつ企業はバンドル化によって、消費者のその異質性を全体としては小さくでき、アイテムを個別に販売するよりも大きな市場シェアをえることができる。バンドル化は企業がアイテムの代償を払いたいという顧客の意欲を評価することができないか、すべての顧客に同じ価格を提供しなければならない状況で、価格差別を可能にする。限界費用が小さくて、複数の製品間で消費者の評価が負であるか、小さい場合に価格差別の利益が得られる。

バンドル化戦略は別々のアイテムを売ることと比べて、マーケティング、生産、継続的な活動において範囲の経済、デザインを統合することによる品質が向上したり、価格が低下する（複数の製品を統合するので、マージンが低下する）ので、個別企業にとって効率的になる。ユーザーはバンドル化された製品を買うとき、探索コストを減らすことができと同時に、一つのメッセージでバンドル化された製品を販売することができるので、範囲の経済が得られる。同時に生産においても範囲の経済が得られる。別々に販売される二つの製品と比較して、統合したデザインは共有構成部分があるので、生産コストを下げることができる。例えば、テレビゲーム機とＤＶＤプレーヤーはテレビにオーディオとビデオを出力するために、両方とも光ディスクリーダーを回路に取り入れた。

二つのプラットフォームを統合することは、部品インターフェイスの単純化を通して品質を改善できる。アップルのｉＰｈｏｎｅとアップストアのように、改善機会、特にシステムとして消費される相互に補完的であるので、品質改善がえられる。また、バンドル化はサプライチェーンの外部効果を内部化するので、製品やサービスの価格が低くなる。

プラットフォーム企業はバンドル化によって独占力を高めることができる。支配的プラットフォーム企業は競合企業を排除する誘因をもつ。補完的市場が収穫逓増的であるとき、バンドル化によって利益を拡大しようとする。今、ソフトウェアＡとＢが存在し、補完的関係にあるとしよう。支配的な企業とそのライバルすべてがＢに特定的なＡのバージョンを販売し、供給企業がＢを販売されるとする。このような状況で、支配的な企業がＡとＢのバンドルを提供するならば、ライバル企業は退出せざるを得ない。

第四節　製品戦略とプラットフォーム戦略

ある産業へ参入しようとする既存の製品の組立企業が、プラットフォームを構築することがある。これは、製品戦略とプラットフォーム戦略を同時に追求する戦略である。ノキア（Nokia）は携帯電話の製造企業であるが、マイクロソフトが携帯電話市場への参入に対抗して、新しい携帯電話のOSのシンビアンをサポートした。また、企業向けのアプリケーション・ソフトウェア企業のSAPがミドルウェア・プラットフォームを構築した。これらの企業は新しい市場の代替的プラットフォームを提供したことになる。

マイクロソフトが携帯電話のプラットフォーム（OS）市場にウィンドウズ・モバイルで参入したとき、ノキアはPC産業のIBMのようにならないように、シンビアンをプラットフォームとしてバックアップし、二〇〇四年にシンビアンのコンソーシアムに約八〇億ドル投資した。ノキアの競争企業はマイクロソフトへの対抗することでは一致して、シンビアンを携帯電話のOSに採用した。ノキアは競争企業のＯＳの構成要素となることを追求すると同時に、組立企業とし携帯電話のユニークさを維持した。しかし、グーグルがアンドロイドをオープン化したので、ノキアのシェアは急速に低下した。

ＳＡＰは企業資源計画、サプライチェーン・マネジメント、顧客関係マネジメントのようなソフトウェアを開発していた。ＳＡＰは統合化ソリューションを提供する戦略から発展して、二〇〇三年には、部門別の企業サービスと統合技術を含むビジネスプロセス・プラットフォームとして、ネットウィーバー（NetWeaver）を提供した。ＳＡＰはネットウィーバーのプラットフォームの上でアプリケーションを開発する独立ソフトウェア・ベンダー（ＩＳＶ）のエコシステムを構築した。これは、ＳＡＰがＳＡＰのプラットフォームを使用しているアプリケーション・デベロッパーと競争することになる。

ノキアとＳＡＰは一方でプラットフォームを構築して補完企業を参加させつつ、同時に製品では補完企業と競争するという複数戦略はとった。この戦略は矛盾する目標を追求することになる。そこで、ノキアは二〇〇八年にシンビアンを買収し、オープン・ソースコードにして、プラットフォームをオープン化し、モバイル・ソフトウェア部門とハードウェア部門にファイアウォールを設けて、補完企業の参入を促した。

複数戦略はきわめてリスキーである。プラットフォームは補完企業に対して中立的でなければならないが、製品戦略については補完企業や組立企業と競争関係にある。また、プラットフォーム企業がプラットフォーム市場で市場支配力を持つならば、補完製品をバンドル化することによってその補完企業の利益を圧迫することになり、補完企業のイノベーションが妨げられる。さらには、このような複数戦略は独占禁止法に抵触することがある。

第五章　小売業のイノベーション

第一節　インターネット通信販売の拡大
第二節　ロングテール現象とは何か
第三節　取引コストの節約
第四節　プラットフォーム型流通企業―アマゾンのビジネスモデル
第五節　レコメンデーション・システム

第一節　インターネット通信販売の拡大

日本経済新聞によれば（二〇一二年八月二八日）、二〇一一年の小売業の総売上は約一三四兆円である。二〇一一年の通信販売の市場は前年比九％増の五兆九〇〇〇億円で、小売総額に占める割合は約四・四％である。これは通信販売協会が加盟のカタログ通信販売やテレビ通信販売五〇八社と、非加盟のアマゾンなど有力企業一六〇社の売上を合計したものである。アメリカでは小売販売額の総額に占めるインターネット通信販売（インターネットコミュニケーション販売　ネット通販）の割合が四〇％を超えているので、日本では拡大する余地がある。

インターネット通信販売の大手はアマゾンジャパンで、売上は約五、〇〇〇億円であり、衣料品ではゾゾタウン、食品では野菜を取り扱うオイシックスなどが伸びている。この売上の数字は販売であるが、そのほかインターネット利用してサイトで購入ターゲットを絞り、価格を調べてから店舗で商品を購入する顧客数は非常に多い。

カタログやテレビの通信販売を主力としている千趣会などは売上を低下させている。通信販売はインターネット・チャネルの利用にシフトしている。アマゾン、ゾゾタウン、オイシックスはマルチサイド・プラットフォームであるが、そのほかに内部プラットフォームを使う通信販売もある。これらはメーカーや店舗をもつ再販売企業が内部プラットフォームを開設している。スーパーのイオンなどはインターネット通信販売やネットスーパーの統合サイトを開設している。アマゾンは以下で述べるように物流システムを構築し、無料配達サービスを行っている。

ＩＴ革命は製造企業の製品開発、流通、物流のイノベーションをもたらすだけでなく、製品やサービスに関して消費者の学習方法を変えている。これらの情報技術の進歩は、単純にデジタル通信（コンピューティングとストレージ）の能力の増加と同時に検索ツール、レコメンデーション・システムのように、社会的ネットワーク技術の質的な変化に及んでいる。新製品・サービスの導入と消費者に利用可能な製品多様性の増加によって、社会的利益が増大する。

近年、ニッチ製品の需要と供給が増加するロングテール現象がある。アンダーソン（Anderson [2006]）はニッチ製品の個々の販売は小さいが、トータルでみると大きな割合になる現象をロングテール（long tail）現象と呼んだ。逆に、インターネットによって超ベストセラー製品が販売を支配する「スーパースター」または「独り勝ち」になることがある。ニッチ製品とベストセラー製品のような生産と消費パターンの変化は、競争と市場構造に対する重大な影響を及ぼすとみられる。

消費者はインターネットを通じてニッチ製品にアクセスできるので、製品選択範囲が拡大する。そうなると、製造企業はニッチ製品を開発するかもしれない。検索ツール、製品レビュー、製品情報、レコメンデーション・ツールの操作が容易になり、消費者はこれらのツールを使用する。

しかし、ロングテール現象が短期であるかもしれない。電子商取引の初期の採用者は流行や支配的行動と異なる嗜好をもつ。オンライン取引が多くの消費者を徐々に誘引するにつれて人気製品がニッチ製品よりも販売され、ロングテール現象が小さくなる。そのうえ、オンライン検索とレコメンデーション・ツールは人気製品をよりスーパースターにして、独り勝ちの市場が生まれるかもしれない。

第二節　ロングテール現象とは何か

製品の販売集中度について従来からパレートの法則が適用されてきた。この法則によれば、同じ製品カテゴリーのなかで上位二〇％のブランドの累積販売シェアが八〇％（通常八〇／二〇のルールといわれる）になる。特定の製品に販売が集中するという意味で、パレートの法則はスーパースター効果が働いている。しかし、インターネットによる販売の増加はロングテール現象が働いて、販売の多様性が拡大するかもしれない。

インターネットによる取引を、以下ではインターネット・チャネルという。インターネット通信販売はインターネット・チャネルである。ブリンジョルフソン等（Brynjolfsson *et al.* [2010b]）はアマゾンの書籍の再販売において二〇〇八年と二〇〇〇年を比較して、ロングテール現象を統計的に確認している。一週間の売上のランキングと販売の関係は図表5－1のようになる。これは正規化し、関数で近似している。図表5－1で製品の集積度はベストセラー、ミッドテール、ロングテールの三つに分類できる。ミッドテールは、ベストセラーでもなく、ニッチ製品でもない中間的な製品である。図表5－1の下図は対数をとっている。後述するが、インターネット・チャネルは自社製品のみを取り扱う場合（内部プラットフォーム）と、マルチサイド・プラットフォームによる取り扱いがある。前者はインターネットを利用した再販売企業である。

図表5－1の上図で、二〇〇〇年よりも二〇〇八年にはテール（右の部分）が上方へシフトしていることを示している。また、下図で二〇〇〇年よりも二〇〇八年の方が売上で二〇〇八年の傾きが小さいことは、二〇〇〇年よりも二〇〇八年の販売関数のテール（図表5－1の上図の右の部分）が増加している。アマゾンの書籍の販売数は二〇〇〇年の二三〇〇万冊から二〇〇八年の三五〇〇万冊に増加し、インターネット・チャネルのシェアは二〇〇〇年の六％から二〇〇八年の二一％に増加している。このように、二〇〇〇年と二〇〇八年とを比較するとアマゾンではロングテール現象が存在し、一時的な現象ではないことが分かる。

従来の研究では品揃えが増加すると、消費者利益が増加すると考えられてきた。品揃えが増えるこ

図表5-1　2000年と2008年のアマゾンのロングテール現象

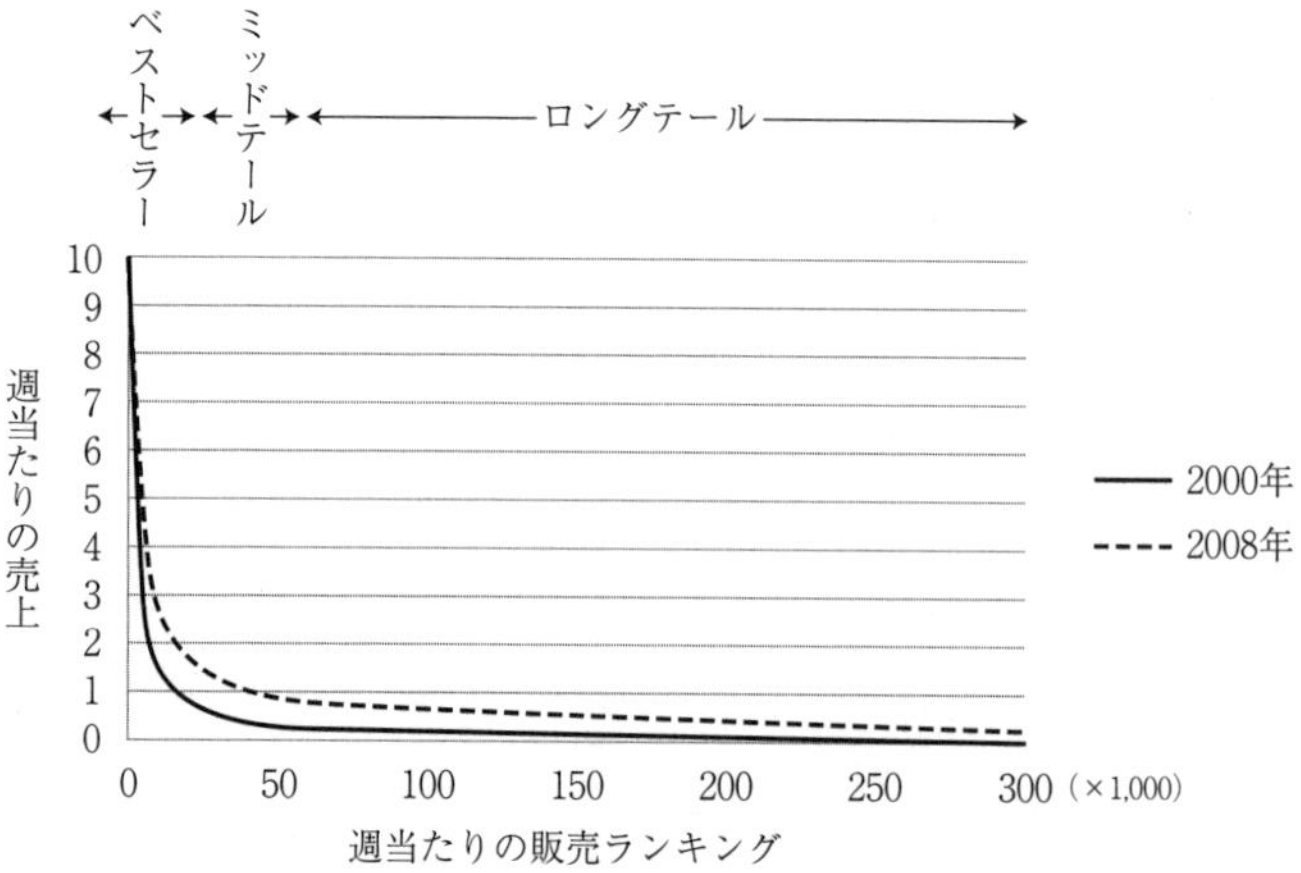

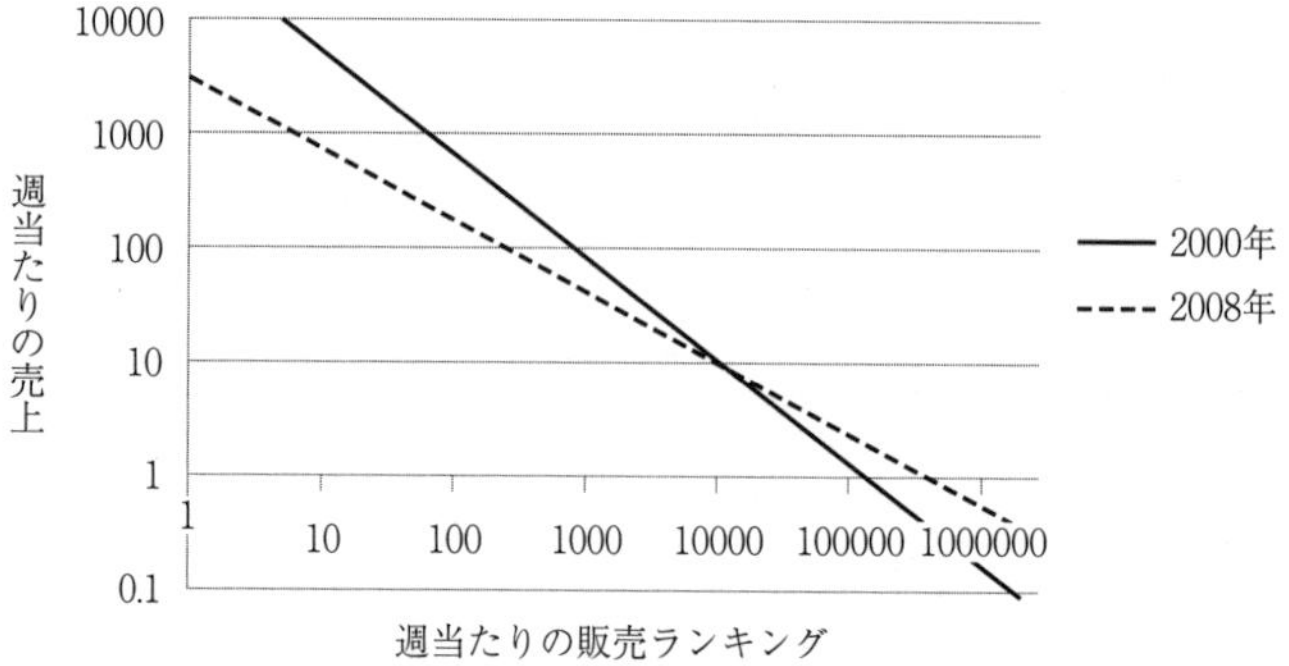

（出所）Brynjolfsson, *et al.*〔2010b〕を一部修正している。

とによって消費者の利用可能性が高まり、ニッチ製品が購入可能になるので、消費者はニーズによりマッチさせることができるからである。一方で、以下で述べるように、消費者はインターネットによる検索ツールを使用したり、情報収集についてレコメンデーション・システムが利用できるので、消費者の取引コストが大きく低下した。それによって、消費者は多数の品揃えの中から選択することが容易になったのである。

販売の集中度を測度としてよく利用されるのはジニ係数である。ジニ係数は所得分配の不平等性の測度であるが、販売の集中度に用いることができる。図表5－2はこれを示している。

図表5-2　ロレンツカーブ

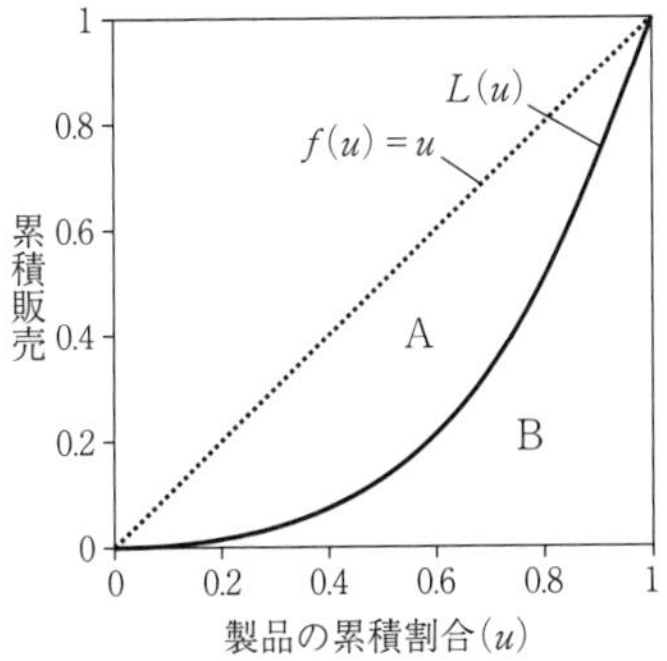

ある製品カテゴリーのローレンツカーブは、横軸に販売（売上）低い順に累積の製品を並べ、縦軸に累積の販売割合 $\rho\,(0<\rho<1)$ の累積販売割合 $L(\rho)$ をプロットしたものである。ジニ係数（G）は次式で示される。

$$G=A/(A+B). \qquad (1)$$

(1)式で　$A=\int_0^1(u-L(\rho))\,du,$

$$B=0.5-A.$$

$G\,(G\in[0,1])$ は、$L(\rho)$ が四五度線からの乖離度を示す。

G＝0であれば、各企業の販売割合が等しく、G＝1であれば、少数の製品に販売が集中している。ジニ係数はカテゴリーのサイズまたは平均需要（普及）に関係なく販売の集中度を測定でき、規模や属性の違いに関係なく製品カテゴリー毎に測定できる。ジニ係数が低いほど、ロングテール現象がおきている。

第三節　取引コストの節約

(1) 探索コスト

製品多様性と製品集中度が変化する要因は需要側と供給側にあり、それぞれ技術的変数と非技術的変数の影響を受ける（Brynjolfsson *et al.* [2010a, 2011]）。供給側の要因から見ていくと、インターネット・チャネルは伝統的なチャネルの店舗販売よりも幅広く品揃えすることができる。店舗では在庫や店頭販売の制約があるが、インターネット・チャネル取引はそのような制約がなく、伝統的なチャネルで利用できないニッチ製品の供給を増やすことができるので、ニッチ製品の販売のシェアを押し上げてロングテール現象になる。

需要側の要因として、消費者はインターネットを使えば、取引コスト（特に探索コスト）を節約して製品情報を得ることができるので、ニッチ製品の需要が増大する。例えば、オフラインによる書籍の購入者は店舗で多数の製品から自分のニーズに適合した本を見つけるには探索コストがかかる。対照的に、インターネット・チャネルは消費者に検索ツールとレコメンデーション・システムを提供するので、消費者の探索コストが激減する。

需要側の次のような技術進歩によって製品多様性と集中度が変化する（Brynjolfsson *et al.*［2010a, 2011］）。

① 検索ツールとデータベース技術の変化、

② 個人化技術の変化、

③ オンライン・コミュニティと社会的ネットワーク技術の変化。

まず検索ツールとデータベース技術では、グーグルのような検索エンジンが消費者の探索コストを大幅に低下させた。消費者の情報源は印刷物、マスメディア広告、店内のディスプレイ、店員のような情報チャネルから、選択の範囲が拡大するインターネットによる検索エンジンにシフトしている。その結果、オンライン購入者の多数は検索エンジンを使って、そのショッピング・リサーチを始める。検索エンジンを使って製品を購入する習慣を持つ世代のユーザーは企業がどのように宣伝しているのではなく、検索エンジンで何がヒットするかによって購買決定を行う。

さらに、消費者はインターネットの検索エンジンによってその望ましい製品のフィーチャ（属性）、価格、特徴またはロケーションを特定化できるので、特定的ニーズに適合するニッチ製品のシェアが増大する。同様に、グーグル、ｅＢａｙのようなオークション・プラットフォーム、価格コムのような比較ショッピング・プラットフォームなどを消費者が利用すれば、無名の製品を見つけることができる。消費者はこれらの検索エンジンによって自分のニーズを明確にして、それに適合する製品やサービスにマッチできるようになる。

次に、個人化とレコメンデーション・システムによって、取引関係者はどのような消費者が何に関心をもっているかの分布を可視できるようになった。これは予測ではなく、選択結果によって製品の販売を増幅させる。これらの技術は、他のユーザーが選択したアイテムの単純な順位のような初歩的な情報から、多くのユーザーから選好の情報を収集して、ユーザーの関心を推測し、焦点を絞って推奨するようなレコメンデーション・システムがある。これによって、消費者は探索コストを節約しながら、これまで知らなかった製品を見つけることができるので、製品の集中度は低下する。いうまでもなく、製品集中度にどのような影響を与えるかは、レコメンデーション・システムだけでなく、その消費者の情報源と意思決定プロセスにも依存する。

最後に、オンライン・コミュニティと社会的ネットワーク技術変化は、コミュニケーション・コストの低下によって、多数がネットワーク上でリンクするようになったことである。これはピアツーピア（peer to peer　P2P　仲間間）・ネットワークである。特に、最近では専用のオンライン・コミュニティとSNSサイトが結びついている。これらのネットワークを通じて、多数の消費者は連結しているネットワークから意思決定に大きく影響される。

P2Pのコミュニティが形成されるので、需要側でネットワーク効果が働くと、流行、超ベストセラーがおきてスーパースター効果が働くかもしれない。一方では、ユーザーはコミュニティを通じて自己ニーズを見つけ、特異的なニーズがセグメントにまで発展し、ニッチ製品を選択するようになる。

これらの技術的要因は派生的な供給側の効果を産み出すかもしれない。ITシステムは地域市場だけでなく、グローバルに相互連結された市場を構築することによって、規模の経済が生まれスーパースター製品を追求する誘因をうみだす。逆に、消費者は店舗では品揃えできないようなニッチ製品を見つけることができるので、メーカーはこれまで利益がなかったような新製品を開発するかもしれない。

専門化は市場の規模に依存するので、インターネットによる市場が拡大すると、ニッチ製品の市場が大きくなる。逆に、フランク等（Frank and Cook［1995］chap.1-3）によれば、少数のスーパースター製品が生存する。スーパースター製品は規模の経済によってニッチ製品より高い利益が得られるからである（中田［二〇〇二］第七章）。スーパースター製品では収穫逓増の法則が働き、価格プレミアムが得られるので、品質の非対称性が拡大する（中田［一九九八］第五章）。

(2) オンライン販売とオフライン販売

ロングテール現象がオンライン販売で起きる要因が、店舗よりも製品の利用可能性（品揃え）が大きくなることが指摘されている。これに関して、ブリンジョルフソン等（Brynjolfsson *et al.*［2011］）は女性のアパレルを販売している中堅企業を対象として、カタログ販売とオンライン販売とを実証的に比較している。これらの企業はプライベート・ブランドをカタログとオンラインで販売し、オンライン販売で会社の販売のおよそ六〇％を貢献している。価格は中水準である。オンライン販売が内部プラットフォームを利用して自社製品のみを取り扱っているのか、マルチサイド・プラットフォームを利用しているのかは明確にされていない。

この企業はカタログ・チャネルとインターネット・チャネルをもち、両チャネルとも提供する製品（製品の利用可能性）と価格、製品説明、写真、注文処理、ロジスティクスについてまったく同じである。しかし、インターネット・チャネルでは検索ツール、レコメンデーション・システムがあるので、探索コストがカタログ販売よりも低い。消費者が検索機能を利用すると、ウェブサイトを通じて直接その特定的製品の製品ページにリンクすることができる。

消費者は内部探索により記憶をたどり、事前の認識にある製品を検索する。内部の探索が不十分であるとき、外部の情報源から追加的な情報を獲得しようとする。消費者は探索による期待利益と探索コストを比較して、期待利益が探索コストより低ければ、外部探索を止める。したがって、消費者の探索コストがゼロないしはきわめて低ければ、利用可能な製品を探索し、ニーズに合う製品を選択する。

逆に、探索コストが高い場合には消費者は外部の探索を行わない。この場合、消費者の想起集合は制限されて、特定の製品に集中する。したがって、探索コストが低くなるにつれて、消費者は探索活動を行う。消費者はニーズに適合する製品を選択するようになり、事前に認識していた製品の制約されることはない。

アパレル製品については一般に消費者はニッチ製品より人気製品を認知している。消費者がファッション雑誌のような外部の情報源から人気製品の情報を得るので、このような情報源はファッションのトレンドの主要な役割を果たしている。そのうえ、アパレル小売企業はこのトレンドにある製品を提供する。また、消費者は企業広告や口コミから情報を得るので、人気製品を選ぶ傾向がある。しかし、カタログ・チャネルと比べると、インターネット・チャネルはユニークな検索ツールとレコメンデーション・システムを提供するので、消費者の探索コストは低下する。その結果、消費者は事前に認知している製品に集中しないで、ニーズにより適合する製品を選択できる。

探索には特定的探索と非特定的探索がある（Brynjolfsson *et al.*［2011］, Moe［2003］）。特定的探索では消費者は直接製品ページにリンクしすでに認知されている製品を見つけるので、ニッチ製品よりも人気製品を選択することが多い。非特定的探索では消費者は検索機能を利用してキーワードを入力す

図表5-3　インターネット・チャネルとカタログ・チャネルのローレンツカーブ

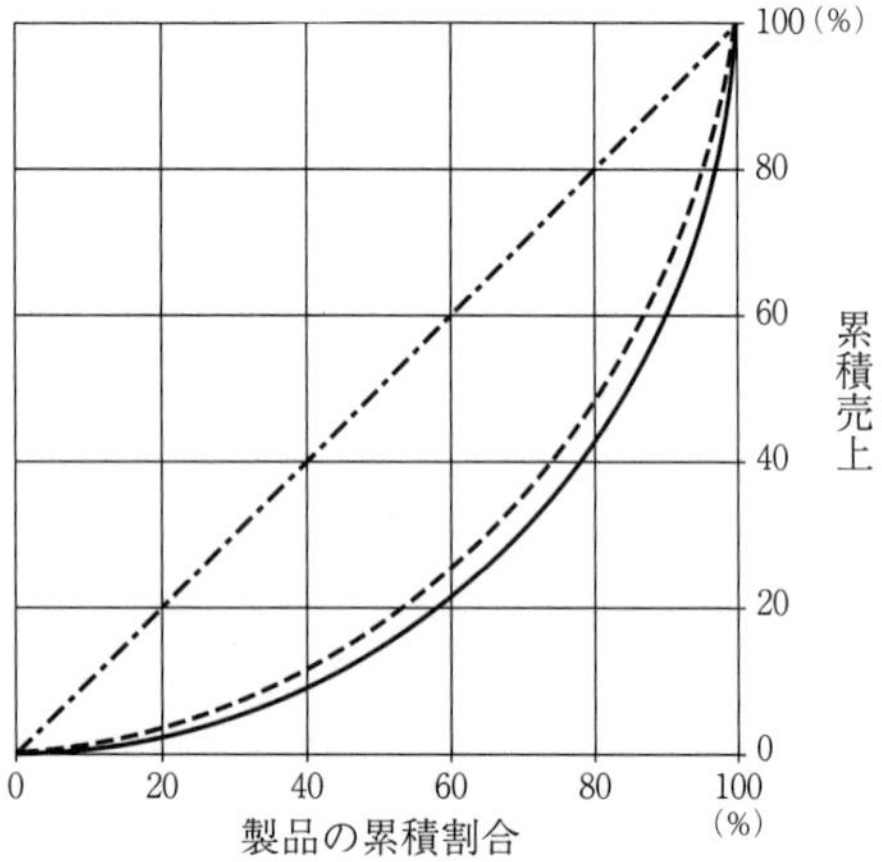

（出所）Bryniolfsson *et al.*［2011］.

ると、製品リストに誘導される。その製品ページをみると、ウェブサイトが焦点となっている製品に関連する複数の製品が示される。例えば、アマゾンで「よく一緒に購入されている製品」、「この製品を買った人はこんな製品も買っています」のようなコラボレート・フィルターリングによって消費者は補完的製品を可視的にリンクできる。

消費者はレコメンデーション・システムによってそうでなければ見つけられない製品を調べて、発見し、新情報を得る。消費者は非特定的探索を行うとき、レコメンデーション・システムによって探索コストを節約できる。したがって、消費者はニッチ製品にウェイトを置くことが多い。カタログ・チャネル（インターネット・チャネル）をみて、インターネット・チャネル（カタログ・チャネル）で注文することもある。

図表5－3はブリンジョルフソン等の実証によるローレンツカーブである。図表5－3で点線はインターネット・チャネルであり、実線はカタログ・チャネルである。これに対応するジニ係数はイン

ターネット・チャネルについては〇・四九であり、カタログ・チャネルについては〇・五三であり、前者ではロングテール現象が現れ、後者では販売の集中度が高い。また、カタログ・チャネルでは下位の八〇%の製品が販売の四三%を占め、インターネット・チャネルでは下位の八〇%の製品が販売の四七%を占める。

この実証研究からインターネット・チャネルはカタログ・チャネルよりの長いテールをもつことがわかる。同じ製品の利用可能性（品揃え）であっても、インターネット・チャネルで購入する消費者はカタログ・チャネルよりもニッチ製品を購入している。したがって、レコメンデーション・システムがロングテール現象に大きな影響を及ぼしている。

しかし、レコメンデーション・システムを利用していても、消費者の特定的探索と非特定的探索とはその影響が異なる。消費者は非特定的探索を行ってレコメンデーション・システムを利用する場合、特定的探索に比べニッチ製品を購入する。インターネット・チャネルは特定的探索を行う消費者はすでに購買決定しているか、ないしは想起集合にある製品に関する情報を提供するだけであるが、非特定的探索をとる消費者に製品についてより幅広い情報を提供する。

ブリンジョルフソン等（Brynjolfsson *et al.*［2011］）の実証研究で重要な結論は、製品の利用可能性ないしは品揃えが同じであっても、インターネット・チャネルのレコメンデーション・システムによって、ロングテール現象が起きることである。

第四節　プラットフォーム型流通企業―アマゾンのビジネスモデル

(1) アマゾンの進化

アマゾンはその初期（一九九四年から一九九六年）はオンライン販売を行って、いわば書籍の通信販売の集中管理型流通を行った。これは商業者モード（再販売企業）である。第二段階は自社の倉庫に保管するコストを供給企業に負担させる委託販売プログラムをとった。これは出版者が約三〇ドル支払って、アマゾンに書籍を送り、売上の五五％をアマゾンに支払う契約であった（Anderson [2006] p.92（訳, p.155））。これによって買手は確実に書籍を入手できた。

この段階はアマゾンが商業者モードからプラットフォームモードへの移行過程である。第三段階では商業者モードとプラットフォームモードを併せ持ちながらも、プラットフォームモードを志向するハイブリッド型ビジネスモデルがとられている。そのうちのマルチサイド・プラットフォームがアマゾンのマーケットプレイスである。

アマゾンは加入する売手（メーカー、流通企業、個人）の製品をサイトに表示して、買手への直接販売を促進している。製品の所有権は売手にあるので、売手が顧客の注文に応じて買手に配送する。

この点でアマゾンはプラットフォームモードによって情報のマッチングを行っている。しかし、売手がリスクを全面的に負担することになるので、リスク分担は行われない。

一方、商業者モードでは供給企業と商業者間での売買関係を通じて、リスクを分担できる。生産や販売にリスクが大きいとき、それぞれがリスクを自ら負担するよりも、リスク負担能力が大きい企業が取引相手のリスクを一部ないしはすべてを負担する方が効率的である（中田［一九八六］第四章、中田［二〇〇二］第二章を参照）。長期継続的な取引が行われなければ、リスク分担が行われない。プラットフォームモードは市場経由で取引が行われている。

現在ではアマゾンは再販売企業、マルチサイド・プラットフォーム、サービスの供給企業の三つの側面を持ち、ハイブリッド型のビジネスモデルとなっている。アマゾンは何千ものサードパティ・アプリケーション・デベロッパーやウェブサイト・オペレーターにウェブサービス（例えばデータ・ストレージ、計算能力、電子商取引アプリケーションのためのＡＰＩ）を供給したり、小売企業のウェブサイトのアプリケーション・ソフトウェアを支援している。これらは部品やサービスの供給企業の側面である。

図表５－４はアマゾンの製品取り扱いブランド（一列目）、アマゾンが製品を買い取って販売しているブランド数（二列目）、そのうちトップブランドの占める割合（三列目）を示している。

アマゾンはエレクトロニクスのカテゴリーで製品の七％を直接販売し（販売企業ないしはメーカー

図表5-4　アマゾンの取り扱い製品

カテゴリーと サブカテゴリー	ブランド数	アマゾンの 販売(%)	アマゾンのトップ ベストセラー100 の占める割合(%)
エレクトロニクス	**2,024,750**	**7.0**	**64**
－アクセサリー・消耗品	407,149	10.5	62
－カメラ	410,312	10.1	76
－カー用品	16,731	23.3	90
－コンピュータ，用品	997,543	4.9	73
－GPS	8,453	21.9	89
－AV	10,433	24.2	71
－マリーン	593	41.1	83
－オフィス	39,214	6.7	77
－ポータブルAV	48,678	15.1	47
－セキュリティ	11,320	15.9	66
－TV	14,753	6.4	75
ホーム用品	**2,460,108**	**5.8**	**88**
スポーツ用品	**3,695,634**	**3.1**	**76**
宝石	**1,287,098**	**3.2**	**34**
ゲーム	**344,710**	**5.9**	**66**
靴	**344,710**	**16.7**	**72**

（出所）Jiang *et al.*［2011］.

から購入し）、外部の供給企業が九三％を販売している。アマゾンの取り扱い品目のうち九三％について、アマゾンが供給企業と消費者との情報のマッチングを行って、供給企業と消費者の直接取引を促進している。二〇一一年度の売上約三四〇億ドルのうち、三〇％がマルチサイド・プラットフォームからの売上である（Owen［2011］）。同時にアマゾンはトップ百について過半数のアイテムを供給企業から購入し、販売している。取り扱い製品からみると、プラットフォームモードの側面が強い。

マルチサイド・プラットフォームとしてのアマゾンの顧客は消費者と供給企業、サードパーティである（Hagiu

[2007] pp.127-128)。供給企業との契約関係では、小規模供給企業との取引はzShopsで行われる。Merchant@Amazon.comでは供給企業はアマゾンのウェブサイトを通して製品を販売するが、在庫の所有権を維持する。Merchant.comでの取引では買手がサードパーティのウェブサイトにリンクし、アマゾンは物流センターに在庫をもち、受注処理を行う。

アマゾンは、固定的なフィーと売上に連動する変動的なフィー(二部料金制)をとる。サードパーティが直接販売する場合には五%、アマゾンが買い取って、在庫を負担する場合には一五%のフィーをとる。その間のフィーは危険分担の度合いによって設定される。さらに、製品カテゴリー毎にフィーは異なる。例えば、コンピュータは六%、カメラは八%、タイヤとホイールは一二%、音楽関係は一二%、ビデオゲームは一五%となっている(Jiang, *et al.* [2011])。

ロングテール現象を説明する文献の多くは探索コストの節約やレコメンデーション・システムを取り上げているが、これらの要因が強く働くのは、インターネット・チャネルがマルチサイド・プラットフォームを通じて行われる場合である。多数の製品の品揃えを行ってサイト上でレコメンデーション・システムが効率的に機能するモードは、商業者モードではなくプラットフォームモードである。もちろん、商業者が自ら製品を購入して、オンラインで販売することができるが、製品を買い取るので、品揃えは限定される。また、レコメンデーション・システムは自社関係の製品に限られる。特に、ニッチ製品を多数買い取るのはリスクが大きくなる。

商業者は供給企業から製品を購入するので、販売が少ない製品や利益が少ない製品については品揃えをしない。しかし、プラットフォームモードは供給企業と売買関係にないので、売れ残りの在庫リスクを負担する必要はない。供給企業からみると、自らのリスクを負担しなければならないが、買手がマルチサイド・プラットフォームを通じて購入するので、販売コストの大半を負担する必要がない。このように、供給企業はプラットフォームを通じて何千万もの消費者のアクセスから利益を得る。多数の供給企業のプラットフォームへの参加によって、消費者がプラットフォームに加入する。逆に、消費者が多数加入するので、より多数の供給企業が参加する。このような間接的ネットワーク効果が働くと、マルチサイド・プラットフォーム企業の利益が増大する。

(2) アマゾンのフルフィルメント・ネットワーク

アマゾンはマルチサイド・プラットフォームであると同時に、フルフィルメント・ネットワークに直接投資を行っている（http://g-ecx.images-amazon.com/images/G/09/marketing/as/shuppin_no_goannai._V137385744_.pdf）。これは供給企業の商品保管、注文処理、出荷、配送・返品に関するカスタマーサービスまでをアマゾンが代行し、供給企業の販売を支援するオプションサービスである。アマゾンは供給企業の商品の保管、購入処理、ピッキング・梱包、購入からの問い合わせや返品処理を行って、供給企業の物流コストを削減しようとしている。

フルフィルメントの料金は供給企業の製品を保管管理する手数料と、販売時の出荷、梱包、配送に対して課金される配送代行手数料からなる。前者は商品サイズ（体積）、保管日数によって課金される。配送代行手数料は個数または重量、配送料によって課金される。いずれも、供給企業は初期費用や固定費用は不要である。

アマゾンのネットワークは販売支援のためにビジネス・レポートやフルフィルメント・レポートを供給企業に提供している。前者では出品商品数や、閲覧回数・購入数・売上、商品別ショッピングカートの獲得率が商品別で確認できると同時に、出品企業の商品の全体に占めるシェアの推移も確認できる。フルフィルメント・レポートは利用企業の売上や注文状況、在庫の確認、返品や交換状況の確認できる。これによって利用企業は欠品や売れ筋商品を見つけることができる。また、これは利用企業に購買率の向上するような情報を提供している。そのほか、利用企業は出荷の遅延やキャンセル、顧客の質問への回答時間、顧客満足度数、購入者からの評価がチェックできる。

このように、アマゾンはその物流ネットワークを統合したマルチサイド・プラットフォームである。アマゾンはもともと書籍の商業者（再販売企業）から出発した。商業者は一括購入、大規模物流センターなどに見られるように、規模の経済を活かして売手と買手の取引コストを節約している。商業者は売手や買手と売買関係にあるので、その取引コストを自己負担（内部化）している。このコストを節約するために、商業者はロジスティックスのようなフィジカルなインフラ（下位基盤）のために投資を行っている。アマゾンは物流サービスによって差別化しようとしているので、ロジスティックスに大量投資を行い、物流システムを統合したマルチサイド・プラットフォームを構築した。このような投資を続ける限り、商業者としての側面をもつ。

同時に、フリーマーケット、ショッピング・モールまたはｅＢａｙは無関係な取引を行うと、多数の特異的な取引を集約することから発生する規模の不経済を避けるので、プラットフォームモードはより高い利益率となる。ｅＢａｙのような純粋のプラットフォームはインフラへの大規模投資を必要としないので、営業利益率が高くなる。

第五節　レコメンデーション・システム

(1)　ネットワークの可視性

バイラル・マーケティング（viral marketing、口コミによる販売）はシアーズの通信販売から生まれた。シアーズの通信販売は品揃えを幅広くして、ニッチ製品を顧客に集中的に販売できるようになった。インターネット・チャネルはより多数の製品を品揃えできるようになった。しかし、多様な選択肢を買手に提供しても、それだけでは需要は増えない。消費者がそれぞれの必要性やニーズに応じて、探索コストを節約しながらニッチ製品を見つけられるようにしなければならない。

買手は、レコメンデーション・システムやコラボレーション・フィルターを通じて注意をニッチ製品に向ける。それによって需要曲線がよりフラットになり、テールが長くなる。ニッチ製品は多数あるので、それらを合計すれば、その製品全体の需要は大きくなる。通常、マーケティングでは市場に製品を出す前に製品をフィルターにかけて、市場化する製品とそうでない製品を決定する。マーケティング担当者はヒットする製品を見つけ出すために、顧客のニーズを予測する。しかし、予測が当たらないことが多いので、市場化（販売）すればヒットしたかもしれない製品が多いであろう。

マルチサイド・プラットフォームでは供給企業がリスクを負うので、需要予測に関係なくサイトにのせることができる。したがって、レコメンデーション・システムは予測ではなく、フィルターを事後に行って、製品の販売を増幅する（正のフィードバックを働かせる）。これまで選択された製品の中から、買手が関心をもつページが顧客に露出される。ブログや消費者レビューなどもレコメンデーション・システムである。

社会的ネットワークでは個人だけでなく、組織間の相互作用が個々の意思決定者に対して影響を与える。オンライン・ショッピングでは製品間、消費者間の相互作用が強くなる。社会的相互作用は従来からみられているが、ＳＮＳやオンライン販売では消費者がネットワークを知覚できることが、これまでの通信販売と大きく異なる。

ビジネス、友人、知人のネットワークは個人の意思決定に影響を与える。インターネットによる相互作用のユニークであるのは、ネットワークが可視的になり、ユーザーの意思決定に影響することである。例えば、フェイスブックのように、ユーザーがピアー（仲間）を知覚して、選択できるような社会的ネットワーク・サイトがある。そこでは多数の行動は社会的連結から作られるレコメンデーションの影響を受け、同調性、流行のようなプロセスが生まれる。

従来のマーケティングの研究では、異なった製品の需要がそれらの相互関係を持つことが明らかにされている。製品カテゴリー間で購入では補完的または代替的な関係にある製品間の相関関係が見られる。このような製品の連結は製品ネットワークとして考えることができる。レコメンデーション・システムのハイパーリンクで連結されているウェブページが、製品ネットワークを構成している。製品ネットワークは多数の製品の連結からなり、製品のウェブページがノードである。

製品ネットワークでは隣接製品が知覚できるので、次々にリンクされる製品の購入を促進することができる。このように、ネットワークにおける製品の購入は、その近傍にある製品の購入のレコメンデーションと考えることができる。電子商取引の進歩によってハイパーリンク化されたオンライン製品のネットワークがうまれ、ウェブ上で複数の製品が連結されている。

そのような製品は連結されたウェブページの集合としてネットワーク化され、各々が一つの製品を提供する。そこでは共購入（copurchase）ネットワークが構築され、各々の製品ページは将来の顧客に同じ製品の買手が購入した他の製品を提供できる。消費者が店舗でのディスプレイと異なって、オンラインの小売スペースは、ウェブのページが相互にリンクする製品ネットワークからなるIT人工物である。伝統的な商業におけるディスプレイと同様に、ハイパーリンクされたネットワークにおける製品のポジションが消費者に影響を及ぼす。コラボレート・フィルターリングによって消費者は補完的製品に可視的に連結される。

消費者による製品の可視性は、他者が購入していることを視覚的に認識できるので、購入決定に影響する。電子商取引サイトの製品はネットワーク・ポジションを持ち、製品、リンクする製品、そのページにリンクするページによって決定される。可視的共購入ネットワークは人気製品（購入されることが多いので、共購入ネットワークで上位にランクされる）に払われる注意のレベルを拡大する。同時に消費者が知らなかったアイテムを認知し、ニッチ製品に注意を向けて需要を増やすことになる。

製品の需要は近傍の製品の二つの集合から直接影響を受ける（Oestreicher-Singer and Sundarajan [2010b]）。第一は問題となっている製品とリンクする製品の集合であって、可視的共購入ハイパーリンクが働いている。第二は補完的製品の集合である。これは、ハイパーリンクが存在するかどうかに関係なく、共購入される製品の集合である。

(2) ページランクとは何か

これまでロングテール現象の要因が探索コストの低下、およびプラットフォームモードによって幅広い品揃えにあることを述べた。しかし、通信販売のようなオフライン販売も幅広い品揃えを取ることができる。マルチサイド・プラットフォームはそれだけでなく、ここで述べるようなレコメンデーション・システムをとることによって、ユーザーの探索コストを節約することができる。

そこで、レコメンデーション・システムでどのようなメカニズムによって、探索コストが低下するかをみてみよう。アマゾンのような小売プラットフォームが提供する製品は、関連するウェブページを持っている。各製品ページには共購入リンクが示され、アマゾンで当該製品と他ユーザーが共購入した製品の集合がハイパーリンク化されている。レコメンデーション・システムが製品に対して及ぼす影響の測度はページランクである。

グーグルの創立者のブリンとページ（Brin and Page［1998］）がページランクを開発した。もともとページランクは学術論文の引用頻度を測定するために開発された。引用回数は、論文の重要性ないしは質を近似すると考えられている。これはページからのリンクを等しく測定するのではなく、あるページのリンク数から測定する。ウェブサイトはリンク数に応じて、ダイナミックに多数のデータを可視的に階層化される。

ページランクは製品やコンテンツそのもの価値の評価には関係なく、リンク数によって計算されて

図表5-5　ページランクの例

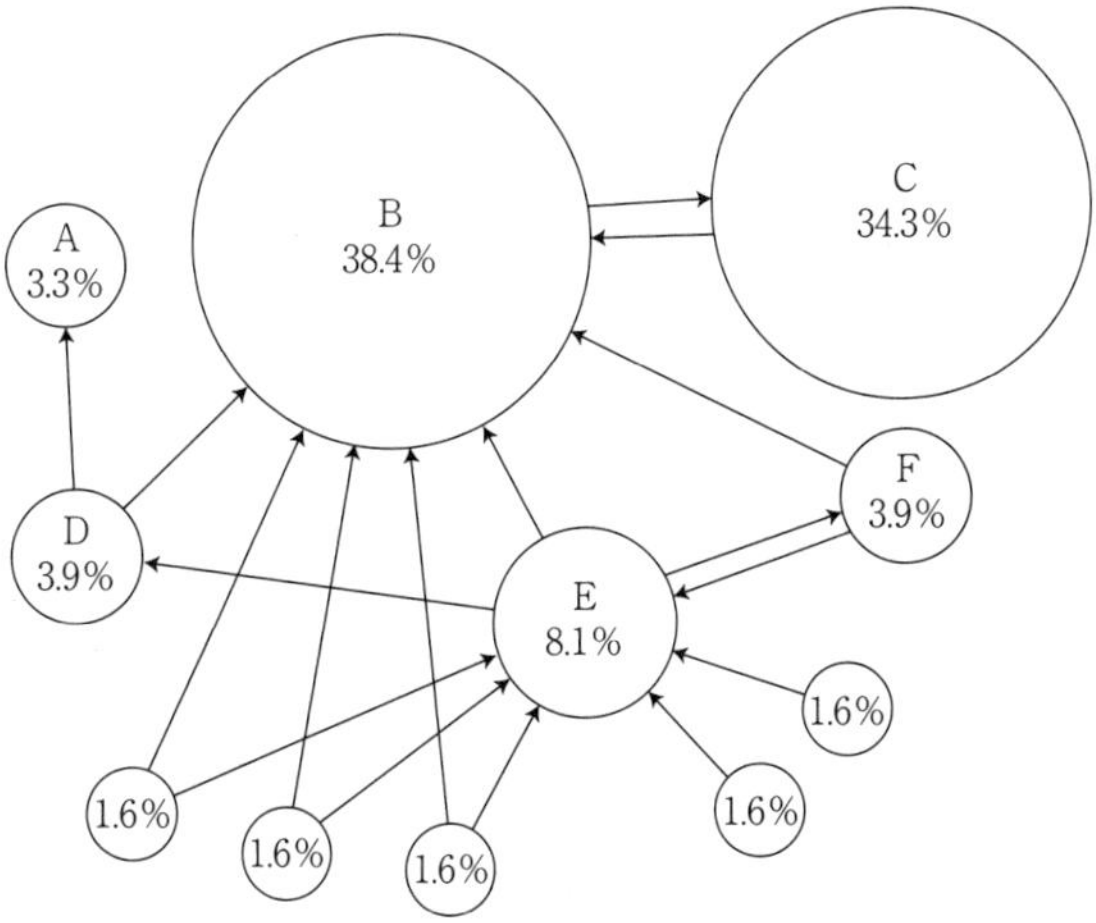

（出所）http://en.wikipeddia.org/wiki/PageRank

いることに注意しなければならない。製品を品質や中身で評価しているわけではない。したがって、アルゴリズムに正のフィードバックが働くので、検索上位にランクされると、多くの人が注目する。そのため、スーパースター製品（独り勝ち）になるケースがある。特に、製品カテゴリーでブランド数が少ない場合には消費者は上位のランクの製品を選択するであろう。

図表５－５でページランクを簡単に説明しよう。A、…、Eはページを示し、その中の数字はあるページからあるページへジャンプする確率である。EはCに比べリンク数は多いが、Cのページランクが高いので、Eよりも高い価値を持っている。検索者がランダムにジャンプするとすれば、接続中に八・一％の確率でEにリンクする。そのままジャンプしていくと、最終

的にA、またはB、またはCにリンクするので、他のページのページランクはゼロになる。Aは外部から流入するリンクをもっていないので、ウェブのすべてのページにリンクすると仮定されている。

共購入ネットワークの中核がレコメンデーション・システムであるが、そのアルゴリズムがページランクである。グーグルやアマゾンはページランクを重要視しているかどうかを公表していないが、ページランクを検索エンジンに適用しているといわれている。ページランクは、ウェブのハイパーリンク化構造の下でウェブページの重要性を示している。ここでの重要性はリンク数で測定されている。ある製品・iのページランク（$PageRank(i)$）は、次式で示される。

$$PageRank(i)=\sum_{j\in G(i)}\frac{PageRank(j)}{OutDegree(j)}$$

上式で製品・jから製品・iへリンクすれば、$j\in G(i)$となる。製品・iと製品・jは同じ製品カテゴリーにあり、製品・jは製品・iの近傍にある。$OutDegree(j)$は製品・jから出ていくリンク数である。

製品ネットワークをサーフするユーザーは等確率で、あるページにリンクする。このアルゴリズムを反復してページにランク付けすると、ランダムにサーフするユーザーは特定のページにリンクする確率が定常状態になる。したがって、最終的に多数のページにリンクするか、少数のページにリンクする。あるページが多くのページからそのページにリンクするか、少数のページからそこへリンクすると、そのランキングが高くなる。

このように、ページランクは製品ネットワークにあるノードに向かう頻度を示すことになる。したがって、ページランクはネットワークがある製品のページにリンクするユーザー数に及ぼす影響のベンチマークとなる。しかし、それはその製品の品質を評価したものではなく、リンク数に依存していることに注意しなければならない。

グーグルのようなページランクは対象を注目価値として視覚化した。同様に製品ネットワークでのページランクはユーザーがある製品に対する注意の測度である。しかも、それは視覚化されている。ページランクはユーザーが製品ネットワークでランダムにサーフすると、ハイパーリンク化された特定のページに到達する確率を示している。ページランクのもっと高い製品は製品ネットワークの中心にあるので、ユーザーの注意度が高くなってより多くの顧客を誘引する。このように、ページランクは製品に対するネットワークの注意（network attention）の測度である。ページランクは上位のランクの製品に集中するよりも、ロングテール現象がおきて、製品の売上をフラットにする傾向がある（Oestreicher-Singer and Sundarajan [2010a]）。

(3) 製品ネットワーク

製品ネットワークを考えると、企業はある製品に本来備わっている固有の内在的価値と、レコメンデーション・システムを通じて焦点製品に至る外在的な価値から利益を得る。ここでいう企業はオンライン小売企業である。内在的価値はレコメンデーション・システムとリンクしなかった場合に、製品から得られる価値である。企業は実際に購入すること（これをコンバージョンという）から利益を得るので、実際に購入された場合の価値は製品ネットワークの価値である。したがって、ネットワークの価値は製品の内在的価値と、レコメンデーション・システムによって実際に購入された場合の外在的な価値からなる。

レコメンデーション・ネットワークが需要にどのような影響を与えるかをみていこう。レコメンデーションがないと、買手はオンライン・ショッピングではリンクしたページのみを注意し購入する。しかし、レコメンデーション・システムが存在すると、消費者の注意は当該ページ以外に製品ネットワークの製品のページから影響を受ける。

レコメンデーション・システムはネットワークの注意の測度であるので、消費者は製品の内在的な価値だけでなく、それ以外の製品ネットワークに注意を向ける可能性がある。消費者はその注意水準が大きければ大きいほど、ニッチ製品のページにリンクする。消費者は製品ネットワークでページランクの製品カテゴリーに注意を向ければ、ニッチ製品に注意を向けるので、ジニ係数は低下する。

消費者が製品ネットワーク内の製品に注意を向ければ、人気製品からニッチ製品へ一部シフトするので、ロングテール現象がおきる。消費者はレコメンデーション・システムによって製品カテゴリーから出発して、製品ネットワークではなく製品カテゴリーにリンクすると、異なったカテゴリーの人気製品ではなく、同じ製品カテゴリーに注意を向ける。その結果、ジニ係数が小さくなって、ロングテール現象がおきる。

(4) プラットフォームモードの意義

ロングテール現象によってニッチ製品がヒット製品に取って代わるのではなく、モザイク状に市場が分かちあって、全体として販売の多様性が拡大する。販売チャネルが伝統的流通だけなく、インターネット・チャネルやマルチサイド・プラットフォームなど多様である。多様なチャネルにより消費者の探索コストが低下する。その結果、ロングテール現象がおきる。

商業者は市場メカニズムを通じて製品を購入し、品揃えを行って、買手に再販売する。しかし、市場メカニズムが働くので、販売が少ないかまたは利益が低い製品を品揃えすることはきわめてまれである。これに対して、プラットフォームモードはマルチサイド・プラットフォームが顧客（供給企業と消費者）間の直接販売を促進するので、品揃えは商業者モードよりも幅広くなる。プラットフォームモードは製品の売買を行わずに、情報のマッチングを行う。それによってプラットフォームは品揃えを拡大することができるので、ロングテール現象がおきる。ロングテール現象はマーケティング、ひいては市場構造を大きく変える可能性がある。

伝統的な流通論では、商業者は製品の売買を行って品揃えをするとしてきた。製品と情報のマッチングが一体となって、売買されると考えられてきた。情報技術の進歩は製品それ自体の売買と情報のマッチングの分離を可能にした。製品の売買は売手と買手が直接取引し、プラットフォームは情報のマッチングを行う。それによって、プラットフォーム企業は、伝統的な商業者よりも明らかに幅広い品揃えを行うことができる。プラットフォームモードは、商業資本を排除することによって幅広い品揃えをすることができる。

マルチサイド・プラットフォームはこれらの条件を満足すると同時に、ページランクを基礎とするレコメンデーション・システムを構築できる。レコメンデーション・システムによって買手の探索コストが低下する。その結果、買手は伝統的な商業者では品揃えしなかったようなニッチ製品を購入することができるようになった。

ページランクは各ページを価値づけているが、製品自体の価値を示してはいない。ページランクによる注目度がビジネスや多様な取引のオンライン上での可視性に影響を及ぼしている。しかし、それは製品の機能、デザインなどの効用が製品価値を決めるのではなく、リンク数によって決定されることを忘れてはならない。

第六章　オープンイノベーション

第一節　イノベーションの分散化
第二節　オープン化の優位性
第三節　イノベーションのガバナンス
第四節　イノベーションのシフト
第五節　オープンイノベーションのビジネスモデル

第一節　イノベーションの分散化

経営学の分野では個々の企業は分析単位であった。しかし、個々の組織は分析の主要な単位とはいえなくない状況になってきた。一九八〇年代以降、エコシステムにおける参加者によるイノベーションが創発している。イノベーションは新しいデザインを創造することである。モジュラー・アーキテクチャの下ではエコシステムを構成するモジュールそれぞれが独立しているので、製品レベルではなくモジュールのイノベーションが加速する。

さらには、エコシステムでは自由に参加する個人や組織がイノベーションの担い手となる。製造企業は伝統的にイノベーションの担い手とされてきた。それ以外に、エコシステムの参加者、例えば、ユーザーによるイノベーションやオープンコラボレーションによるイノベーションがある。これらはイノベーションを創発する新しいガバナンスである。これらの自律的な多数の企業、個人、コミュニティが技術的システムの進化に担い手になっている。これによって、イノベーションが分散化した。

イノベーションはある領域での創造的な問題解決の結果である。創造性はある領域で新しく有益なアイデアを考え出すことである（Amabile and Kramer〔2011〕pp.49-51）。組織は組織内の創造的なアイデアをデザインに埋め込んで、製品やサービスを開発しなければならない。創造的な問題解決者の思考と行動の習慣が多様であるので、特定の問題のベストな解決者は世界中に分散している。

サンマイクロシステムズの共同創立者であるジョイ（B. Joy）によれば、「優秀な人材は他人のために働いているわけではなく（"No matter who you are, most of the smartest people work for someone else"）（Lakhani and Pnetta [2007], Baldwin [2012]）」、イノベーションが自組織の外部で起こる。このジョイの法則によれば多くの関連する知識が企業外に存在するので、プラットフォームの重要な課題は、多様な参加者がプラットフォームに参加できるような組織をデザインすることである。

ジョイの法則は、個人ないしは企業がイノベーションの成果を独占するようなクローズドシステムが、知識集約的なタスクを完成するには効率的ではないことをいっている。このような知識の分散化に加えて、フォン・ヒッペル（E. von Hippel）は製造企業がイノベーションを主導するよりも、ユーザーによるイノベーションが重要であることを実証的に明らかにして、イノベーションの分散化を指摘した。同時に、多くの産業において、ユーザーは新しいイノベーションの発信者であることを指摘した（von Hippel [2005]）。

イノベーションの知識や情報が分散されるが、それらには粘着性がある。粘着性は知識を創造する人からそれを他の場所や他者に移転するには取引コストがかかるので、移転するのが困難であることをいう（von Hippel [2005] pp.66-70、訳書pp.91-96）。ユーザーは製造企業よりも前に独自のユニークなニーズをもっているので、機能的に新しいイノベーションを生み出す可能性が高い。そして、製造企業は大規模市場に製品を生産することを専門化し、既存のフィーチャのパフォーマンスを向上させる優位性をもっているので、ユーザーの知識を製品にとりこんで開発することができる。したがって、イノベーションの知識の粘着性が高くなると、製造企業とユーザーがコラボレーションで開発する方が効率的になる。

それぞれの創造的な問題解決者は、多様な環境のもとで独自にテーマを選択している。新規事業に取り組むような解決者もいれば、自分で問題を選んでその解決に専念したい解決者もいる。また、同じテーマをもつ個人がコミュニティを構築したいかもしれない。重要なことは、多様な個人がそのスキルを特定の問題に応用して、その解決に集中できるようなビジネスモデルを構築することである。問題解決者の誘因は多様で、知的好奇心、金銭、名声、またはこれらがミックスしているかもしれない。同時に、自分のためないしは他者のために問題解決に取り組むのかもしれない。いずれにせよ、創造的な問題解決が標準的な雇用契約、販売契約、供給契約と異なる点は、問題解決者が問題を自己選択し、その成果ないしはアウトプットを所有して、コントロールできることである。ただし、問題解決者は自分の成果から利益を得ることもできるし、フリーで公開することもできる。

エコシステムはイノベーションを促進し、多様化できる。それは多様なモジュールから構成されているので、自律性を重視する創造的な問題解決者を誘引でき、しかもそのアイデアに対して所有権を与えることができる。また、エコシステムでは企業が競争すると同時に、コラボレートすることができる。階層システムでは権限のメカニズムが働くので、自律的な問題解決者の創造力と独創力を喪失させることが多い。一方、プラットフォームはそれらを発揮できるように誘因を与えることができると同時に、モジュールが代替可能であるので問題解決者が競争的に行動するようにデザインできる。

モジュール間で強いコミュニケーションを行わなくても、別々のモジュールが独立して、並列して機能することができるので、モジュール化はデザインでコラボレートすることが大きな特色である。大きなシステムで異なるモジュールで働いているデザイナーは同じ場所や時間にいなくても、モジュールを統合して全体として機能するようにコントロールできる。オープンコラボレーションではデザイナーは、デザインルールを透明化してモジュール間を調整できる。

第二節　オープン化の優位性

エコシステムではプラットフォーム企業のオープン化は、参加企業のイノベーションを活性化する大きな要因である。これは、イノベーションによる価値の創造と個々の企業の利益を獲得の二つの側面を考えなければならない。以下では、イノベーションによる価値の創造を見ていく。

イノベーションについてビジネスモデルは、二つに大別できる。一つは製造企業内部でイノベーションを行って、製品化するクローズドシステムである。もう一つはオープンソース・プロジェクトを採用して、フリーでコードを修正でき、その結果を公表するようなオープンシステムがある。オープン化の程度とモジュール毎のオープン化や、クローズド化について次章で明らかにする。オープン化によってエコシステムの参加者は、競争していてもイノベーションを吸収することができる。

プラットフォームのビジネスモデルは進化する。マイクロソフトのプラットフォーム戦略は一九八〇年代から一九九〇年代にはアップルよりもオープンで、それによって成功した。マイクロソフトは広く技術をライセンスした。同時に、サードパーティ・デベロッパーにデスクトップOSへのアクセスをオープンにして、ツールキットの価格をアップルの三分の一にした。マイクロソフトはエコシステムの参加者のイノベーションを吸収した。一九九八年にはウィンドウズ上で七〇〇〇〇本以上のアプリケーションが走ったが、アップルは約一二〇〇〇本であった（Parker and Van Alstyne [2012]）。しかし、現在ではアップルはよりオープン化することによって（次節参照）、モバイルのデバイスやソフトウェアで何十万ものデベロッパーを誘引しマイクロソフトを追い抜いた。

次に、プラットフォームはデベロッパーをどの程度支援するかである。例えば、企業向けのソフトウェアのプラットフォーム企業であるセールフォースはソフトウェアの開発のツールキットとAPI

をデベロッパーにフリーで提供している。前者はデベロッパーがアプリケーション・ソフトウェアの開発を、後者はソフトウェアのやりとりの仕様をサポートしている。また、アップルは一九八〇年代に開発ツールキットに数千ドルをデベロッパーに課したが、現在ではフリーである。グーグルはモバイルのプラットフォームを拡大するために、アプリケーション・ソフトウェアのコンテストを行っているが、その賞金の総額は五五〇万ドルに達している。本書第四章第一節で述べたように、プラットフォーム企業は顧客の誘引するためにプラットフォームのある市場（サイド）における利用価格をコスト以下に設定していることになる。

プラットフォーム企業がデベロッパーのイノベーションを取り込むために、デベロッパーの開発した機能をバンドル化する（本書第四章第三節）ことがある。フェイスブック、グーグル、インテル、マイクロソフトとSAPのような大規模プラットフォーム企業はそのエコシステム・パートナーによって開発したフィーチャをバンドル化した。しかし、このようなバンドル化はデベロッパーの開発努力を阻害する。

デベロッパーは、プラットフォーム企業が考えつかなかったアイデアやコントロールできなかった資源を持っている。そのため、プラットフォーム企業はデベロッパーのイノベーションを活性化する誘因を提供できるようなオープンビジネスモデルを構築する。プラットフォーム企業はイノベーションを行うデベロッパーが特定できなかったり、知らない場合でもプラットフォームに誘引できるようなメカニズムを構築しなければならない。その戦略の一つがソースコードやアクセスのオープン化である。

オープン化はユーザーやデベロッパーがプラットフォームに参加しなければ、プラットフォームが競争力を失うというシグナルを送っていることになる。ＳＮＳのプラットフォームでフェイスブックがマイスペース（MySpace）を凌駕した要因は、外部のデベロッパーがアプリケーション・ソフトウエアの開発できるようにオープン化したことである。これに対して、マイスペースは内部でそれらを開発していた。プラットフォーム企業の課題は、イノベーションによる価値創造とプラットフォーム企業の利益をどのようにデザインするかである。これについては知的財産権問題が関係するので、次章で考察する。

第三節　イノベーションのガバナンス

(1)　ガバナンスの類型

これまで述べてきたように、イノベーションのガバナンスは知識が分布する程度とイノベーション

図表6-1　ガバナンスの類型

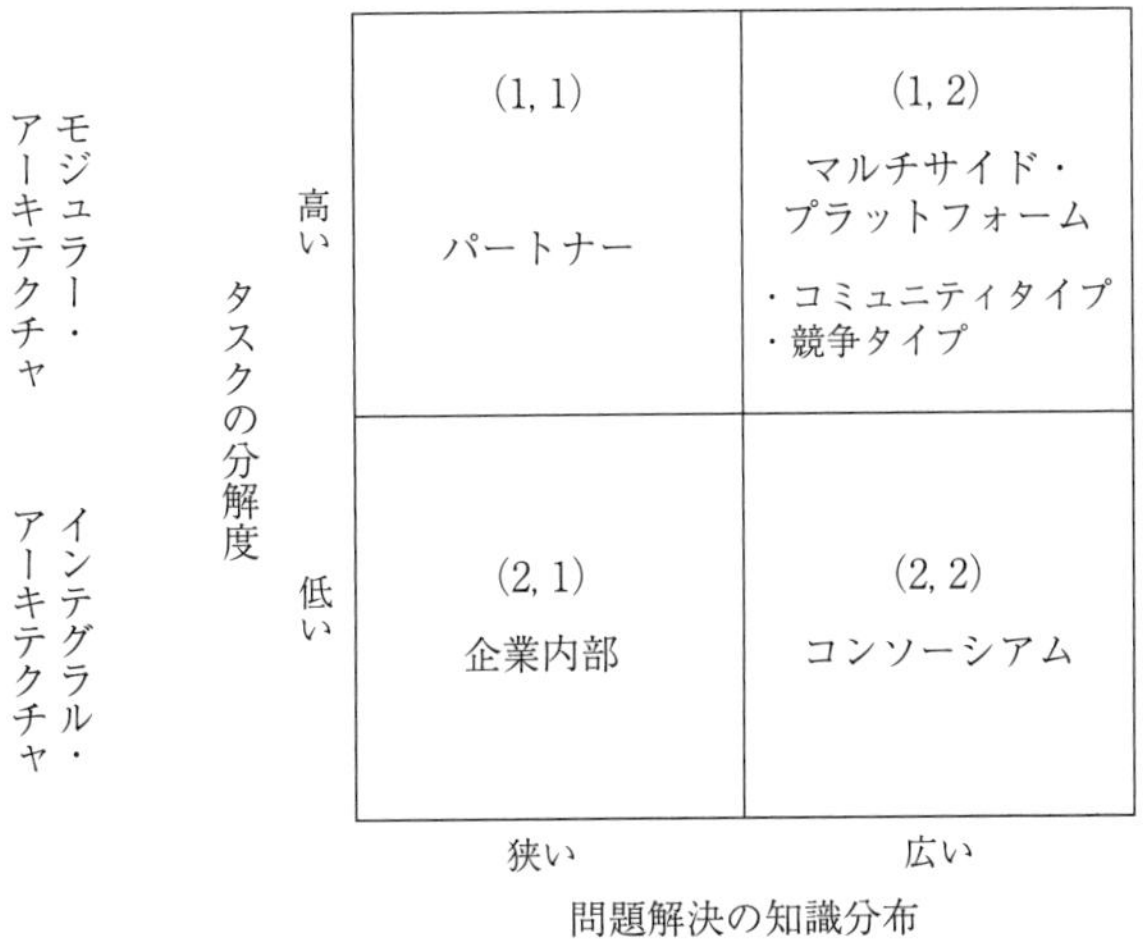

（出所）Lakhani and Tushman [2012].

のタスク（問題）の分解の程度（モジュラー・アーキテクチャかインテグラル・アーキテクチャかどうか）、およびによってはモジュール化の程度と知識の分布の程度によって分類される。図表6−1で示すように、行にモジュラー・アーキテクチャとインテグラル・アーキテクチャ、列に問題解決の知識分布が広いか、狭いかのマトリックスでプラットフォームのガバナンスが四つに分類される。このマトリックスで（2, 1）は内部プラットフォームである。問題解決の知識分布が狭く、少数の参加者の相互作用による開発が効率的であるので、インテグラル・アーキテクチャが採用される。これは伝統的な製造企業によるイノベーションである。

これと対極に位置する（1, 2）は問題解決の知識が広く分布し、モジュラー・アーキテクチャがとられて、イノベーション・タスクが分解されているケースである。このケースでは、マルチサイド・プラットフォームを中核とするエコシステムが構築される。マルチサイド・プラットフォームがモジュールを調整し、外部のイノベーションを取り込む。

マトリックスの（2, 2）はイノベーションのタスクの分解が小さいが、参加者がイノベーションの活動に参加者が協調し、それぞれの知識を利用するケースである。このケースはコンソーシアムによって、参加者のコストを低減することができる。マトリックスの（1, 1）はイノベーションのタスクが分解可能であるが、問題解決の知識分布がせまく、少数の企業が所有している。このケースは企業がパートナーと提携して、イノベーションのタスクを達成することが効率的である。

マトリックスの（1, 2）はイノベーションは競争タイプとコミュニティタイプの二つに分類される（Boudreau and Lakhani［2009］, Lakhani and Tushman［2012］）。前者は参加者（補完的製品企業）が多様な提案を行い、ユーザーがその中から選択する。これはコンテストベースで行われることが多い。この例は後に見るように、スレッドレスコム、イノセンティブコム、トップコーダーなどである。コミュニティタイプはプラットフォームをオープンにして、協調的なコラボレーションによって知的財産を共有できるように、ゆるやかでインフォーマルなルールによって統治されている。後に見るように、この例がリナックスやOSSコミュニティである。コミュニティタイプでは参加者がフリーでアクセスしたり、フリーで公開することが多い。

イノベーションのタスクが累積的な知識に依存し、過去の知識に基づいて漸進的に改善される場合には、コミュニティタイプは個々の参加者の能力を技能、知識、技術を統合する点で効率的である。コミュニティで知識が共有され、伝播メカニズムが必要となる。コミュニティでは技術的パラダイムとコラボレーションをサポートする技術的知識を共有するような規範が進化していく。イノベーションのタスクが多様な技術的アプローチまたは顧客グループ間の広範囲な実験によって解決される場合には、競争的タイプが効率的である。参加者間の競争は多様性を促進し、創造的破壊を刺激する多い。参加者はイノベーションの成果に知的財産権に関心を持つかもしれない。

従来の組織デザインは個々の企業に焦点を当て、類似した製品を生産、販売する競争の優位性が分析の主な対象であった。エコシステムに参加している企業の製品価値には差異がみられるし、各企業は製品や効率性をアピールする。エコシステムの市場に参入や退出は頻繁に行われる。しかし、エコシステムで従来では見られないようなコミュニティ化がおきている。コミュニティは問題解決者が自律的に参加し、問題を自己選択し、問題解決に関する知識を共有するオープン・システムである。エコシステムはそのメンバーが競争する一方で、大規模なシステムに進化していく。エコシステムには新規のメンバーの参入や退出があるので、開発についてメンバー間の組み合わせが変化して、無数の開発機会が生まれる。

エコシステム内のイノベーションの分散化はハイテクノロジー産業、情報集約的産業、アパレル産業やバイオテクノロジー産業にもみられる。繊維産業ではゴアアソシエートがプラットフォームとなって、防水ファブリック（モジュール）をアパレルメーカー、およびアウトドアのシューズメーカーに対してライセンスしている（Boudreau and Lakhani［2009］、中田［二〇〇九］第六章を参照）。

(2) アップルのケース

エコシステムがモジュール化されていれば、イノベーション・タスクが分解されるので、タスク毎にガバナンスが異なる。パソコンは次の五つのサブシステムからなる。

(1) MPU
(2) OS
(3) インターフェイス（相互接続のためのハードウェアとソフトウェアの仕様）
(4) ユーザーエクスペリエンス・デザイン（ユーザーとのインタフェース、外観、フィーリング、コマンドからなるPCとの相互作用）
(5) アプリケーションソフトウェア

図表6－1で示すように、企業は上記五つの技術問題を四つのガバナンスを選択して解決しようとする。一九九〇年代に、MPUのインテルとマイクロソフトのOS（ウィンドウズ）がプラットフォームとなり、多くのPCメーカーはインテルとウィンドウズ、すなわちウィンテルを採用した。サード

パーティのデベロッパー（補完企業）がアプリケーション・ソフトウェアやPCの周辺機器を開発した。PC間の相互接続はIEEE（Electrical and Electronic Engineers）、IETF（Internet Engineering Task Force）を通じて標準化され、WIFI、TCP／IP、USBなどが標準化された。

アップルは内部プラットフォームで開発し、統合化戦略をとった（図表6－1で（2, 1））。一九九〇年代後期に、アップルはIBMとモトローラとコンソーシアム（クローズド）でハードウェアを開発し、ウィンドウズとは異なるユニークなOSとユーザーインターフェイスを開発した（図表6－1で（2, 2））。アプリケーションソフトウェアについてはサードパーティが開発し、アップルのプラットフォームはよりオープンであった（図表6－1で（1, 2））。しかし、ウィンテルのプラットフォームは技術的なおよびコスト・パフォーマンスでアップルのシステムよりかなり優れていたので、アップルのシェアは低下し、行き詰まった。

そこで、アップルはOSをオープンソース・プロジェクト化した。このため、このプラットフォームに多数のデベロッパーや学生（カーネギーメロン大学でのプロジェクト）が参加した。このようなオープンソース・プロジェクトからアップルは一九九九年にOSXをリリースした（図表6－1で（1, 2））。OSの五〇〇以上のモジュールが一八〇以上のプロジェクトで開発された。OSXはPC、iPhone、iPod、iPadを含むすべてのアップル製品の原動力となっている。アップルはオープンソースの重要性を認めている（http://www.apple.com/opensource/）。その後、アップルはコミュニティで開発すると同時に、内部で開発している。

一方、アップルはマイクロソフトと差別化するために、PCのサブシステムのユーザーエクスペリエンス・デザインを内部で開発（統合）した（図表6－1の（2,1））。また、アップルは二〇〇五年にIBM、モトローラとパートナーを組んでMPUとしてPowerPC（チップ）を開発した（図表6－1の（1,1））。しかし、MPUの進化に遅れたため、そのパートナーシップから退出して、インテルとパートナーを組んで標準化されたチップを採用した。

アップルはモバイルのデバイスについては内部プラットフォームで開発し（図表6－1の（2,1））、チップをカスタム化した。PCではMPUに標準化されたチップを使い、ユーザーインターフェイスで差別化している。しかし、モバイルについてはカスタムチップを使っている。その目的はパワー消費の節約、スピードと反応の最大化にあり、戦略的に内部化したと考えられる。アップルはPCについては標準化されたMPU、モバイルについてはカスタムチップを採用しているのは、そのイノベーションの軌跡がコストの最小化と同時に、戦略的要因に依ることを示している。アップルのプラットフォームのデザインは、モバイルでは内部プラットフォームで、PCのOSではマルチサイド・プラットフォームでイノベーションを行っている。

第四節　イノベーションのシフト

(1)　イノベーションのコストと情報技術の進化

製造企業がイノベーションの主体であることが、研究者、政策メーカーと実務家間で想定されてきた。製造企業にイノベーションへの投資の誘因を与えるために、排他的な知的財産権がイノベーションの成果に一定期間設定された。しかし、製造企業のモデルはイノベーションの一つの方法にすぎない。それ以外に、ユーザーや個人によるイノベーションや、オープンコラボレーションによるイノベーションがある。これらはイノベーションを生み出す新しいガバナンスである（Baldwin and von Hippel [2010]）。

ガバナンスを決定する大きな要因はコストである。イノベーションには次の四種類のコストがかかる。それは(1)デザイン・コスト、(2)コミュニケーション・コスト、(3)生産コスト、(4)取引コストである。(1)はモジュール化のコストである。それは、(a)機能的必要条件（つまり、デザインをどうするか）を確認するコスト、(b)全体的な問題を別々に解決されることができる下位問題に分割するコスト、(c)下位問題を解決するコスト、(d)下位問題の解を全体として機能するように再結合するコストである。

次に、コミュニケーション・コストはデザインプロセスで異なる組織の参加者の間でデザイン関連の情報を移転するコストである。生産コストは指定された財またはサービスを生産するデザインの指図を実行するコストである。インプットは原材料、エネルギー、人間の努力を加えたデザインの指図（いわばレシピ）である。アウトプットは製品やサービスであって、デザインはユーザーが使用できるように変換される。

取引コストは所有権を確立して、交換に必要なコストである。イノベーションから利益を得るにはノウハウにし、特許または著作権を取得して、排他的権利を保護する必要がある。そのためには取引コストがかかる。この取引コストは契約を締結し、契約違反の行動をコントロールするコストも含まれる。

モジュール化のコストは情報処理とコミュニケーションの技術進歩によって大きく低下した。これにより調整をリアルタイムに行うことができるようになった。同時に、大量のデータを低コストで、スピーディーに処理することが可能であるので、多数の技術、部品、製品の新しいアイデアを低コストで実験することができるようになった。

(2) イノベーションの担い手

ユーザー・イノベーターは同じ組織内で活動しているので、コミュニケーション・コストがかからない。一般的にコミュニケーション・コストは、組織間よりも組織内の方が小さい。ユーザーによるイノベーションは、組織内で消費するために行われる。例えば、快適さ、安全さ、環境問題などを改善するために、個人ないしは組織内でイノベーションが行われることがある。また、ユーザーが開発するプロセス・イノベーションは消費者の支払価格を変えないで、前項(1)で述べた四つのコストを下げる。

これに対して、製造企業によるイノベーションはコストを購入者に転嫁できるので、ユーザーよりも大規模かつ経済的に行われる。製造企業はマーケティング活動によって購入者に認知させなければならないので、コミュニケーション・コストがかかる。さらに、イノベーションを行っていない製造企業は製品化によって利益が得られれば、他の企業からそれ購入する。製造企業自身がイノベーションを行って知的財産権によってそのデザインを独占すれば、超過利益を得ることができる。

製造企業の利益は需要によって決定されるので、顧客の評価、すなわち市場の大きさに依存する。需要がなければ、製造企業の利益はない。製造企業は需要を集約できるので、イノベーションの価値はユーザーのそれを上回る。一方で、製造企業はイノベーションによるメリットをコミュニケートし、マーケティング・リサーチを通じて顧客のニーズを学習しなければならない。マーケティング・コストの多くはコミュニケーション・コストであって、顧客のニーズを発見するために必要となる。デザイン・コストに加えてコミュニケーション技術によってそのコストが低下すれば、デザイン・コストが変わらなくても、製造企業によるイノベーションは実行可能になる。

　オープンコラボレーションはデザインを共有して、個人ないしは集団でデザインを開発し、それを公開して、参加者が利用できるプロジェクトである。参加者はユーザーのケースではデザイン自体から直接利益を得ることができる。また、参加者がそのデザインの補完的製品の供給企業やユーザーの場合には間接的に利益を得る。参加者は開発について一部のコストを負担するが、他者の貢献があるので、デザイン全体から利益を得る。また参加者によってはプロジェクトのイノベーションのアウトプットに関連がない学習、評判、楽しみのような個人的利益を得る。

　ユーザー・イノベーターにとってオープンコラボレーションのメリットは開発の一部を負担しなければならないが、それ以外については他者の成果を利用できることである。したがって、参加者のデザイン・コストは低くなるので、ユーザーによるイノベーションよりも大規模なイノベーションが実行可能になる。しかし、効率的にタスクを分割し最終的に統合するには、分担者は迅速かつ反復して情報交換をする必要があるので、コミュニケーション・コストの節約が問題となる。

　多数の企業や個人がプロジェクトに参加すると、コミュニケーション・コストが増えるが、他者から得られるデザインの価値がそのコストを上回れば、ユーザー・イノベーターはオープンコラボレーションに参加する。インターネットの進化によってコミュニケーション・コストが大幅に低下したので、オープンコラボレーションが実行可能になった。コミュニケーション・コストが低下すると、大規模プロジェクトであっても、タスクはモジュール化される。

一方、他者がプロジェクトへ貢献する価値が低いか、他者がコミュニケーションのコストに比べて貢献する期待が低ければ、コラボレーションへの参加者は少なくなる。しかし、コミュニケーション・コストが低下していくと、このような貢献があるであろうという期待が低くても、コラボレーションの参加者を調整して大規模なデザインを開発することができる。

以上を要約すると、ユーザーによるイノベーションはコミュニケーション・コストに関係なくデザイン・コストが低いとき、実行可能である。製造企業によるイノベーションはデザイン・コストとコミュニケーション・コストがその期待利益以下であれば、実行可能である。参加者が独立して機能できるようにデザインをモジュールに分割することができれば、デザイン・コストの高くてもコミュニケーション・コストが低いとき、オープンコラボレーションが実行可能である。

製造企業がユーザーによるイノベーションとオープンコラボレーションに対する主要な優位性の一つは、大量生産技術による規模の経済である。二〇世紀前半に広範囲な大量生産・販売は特定の物理的な製品が非常に低い単位コストで大量生産する技術に基づいている。一つのデザイン（または少数のデザイン）を多頻度で使用することから規模の経済がえられる。典型的な大量生産において多頻度でデザインを変えれば、製品のフローが中断する。そのためセットアップ・コストとスイッチング・コストが必要となるので、プロセスの全体の効率性がえられない。

これに対して、ユーザーによるイノベーションやオープンコラボレーションは、多様なデザインを大量製造企業の製品と競合する物理的な製品に変換することができる。今日、モジュール化がデザインと生産（デザイン・タスク間のインターフェイスだけでなく）の間のインターフェイスに影響を及ぼしている。これは大量生産ではデザインの多くが、独立して設計することができるためである。これによってマスカスタマイゼーションが効率的に行われる。ユーザーによるイノベーションとオープンコラボレーションは、製品特定的な生産システムを必要とする大量生産の製品をデザイン、生産することに適合してない。

製造企業によるイノベーションは大量生産の生産コストの優位性を持つが、フリーで公開するユーザーによるオープンコラボレーションは取引コストを節約することができる。イノベーションの取引コストは革新的なデザインに、ノウハウ、または、特許を取得することによって排他的権利を確立するコストである。また、デザインの盗用から保護するコストは、アクセスを制限して、非競合的取決めを実施することも含まれる。取引コストは法的にイノベーションを表している財またはサービスに関する契約違反から保護するコストを含む。

ユーザーによるイノベーションは、イノベーションに所有権を設定することが少ない。それらは、ネットワーク効果、評判の優位性と他の利益を提供するために、開発したデザインをフリーで公開する方が有利である。オープンコラボレーションは製品を販売しないし、参加者の貢献に報酬を支払わない。この点で、それらは交換の取引コストを負担しない。しかし、オープンコラボレーションが成功すると、価値があるデザインを保護するために取引コストがかかる。

製造企業によるイノベーションとユーザーによるイノベーションは、共存することがある。ユーザーの中には、開発の動向をいち早く把握して、自ら問題を解決してイノベーションを行うリードユーザーが存在する（von Hippel［2005］chap.2）。製造企業がリードユーザーを注目して、そのイノベーションを製品やサービスに取り入れることがある。さらには、そのリードユーザーがそのデザインを製造企業に販売することもある。このような製造企業は既存企業が気づかないようなニッチ市場で商業化することが多い。

オープンコラボレーションはデザインを低価格ないしはフリーで提供することが多いので、製造企業によるイノベーションに対して価格脅威になるので、製造企業間の競争が激化する。そこで、オープンコラボレーションのプロジェクトが始まると、製造企業は価格競争を回避するために、コラボレーションに参加してイノベーションを補完することがある。例えば、ＩＢＭはリナックスをサポートするような製品やサービスを販売している。また、グーグルはモバイル用にアンドロイドをフリーでオープン化している。

第五節　オープンイノベーションのビジネスモデル

(1) オープンソースコミュニティ

通常一つの企業がプラットフォームを所有して、補完企業（オプションのモジュール）からライセンス料を得る。そのために、オプションの要素がイノベーションを利用するのに制約がある。そこで、外部イノベーターを誘引するにはプラットフォーム企業がプラットフォームをフリーでオープン化するか、所有権を設定しない方が効率的である。外部のイノベーターにとって魅力的な環境は、開発者がフリーでプラットフォームのコアのモジュールを利用できることである。そうすると、オプションのモジュール企業はプラットフォーム企業と利益を分配する必要ない。外部イノベーターはコアのモジュールをフリーで利用できれば、イノベーションへの投資を増やすであろう。

リナックスの創始者のトーバルズ（L. Torvalds）はOSをオープンソース化して、その開発を加速化した。リナックスのカーネルのようなコアのモジュール化をフリーにすると、外部のイノベーターが開発する誘因が大きくなる。オープン化はイノベーションを独占的に所有するクローズドシステムとはまったく異なるガバナンスである。インターネットやWWWが所有権のあるネットワークよりも大きく成長した理由は、多くのデベロッパーが開発に参加できたことである。フリーのネットワーク・プロトコルと低価格のモデム（モジュール）からなるシステムは、所有権のあるネットワークを消滅させた。

最近、フリーのコアシステムを供給する明確な目的のために、新しいガバナンスが生まれている。第一はオープンソース・プロジェクトであり、その例はアパッチ財団、リナックス財団等の開発コミュニティである。第二はInternet Engineering Task ForceやWorld Wide Web Consortiumのように標準化を促進する組織である。これらのマルチサイド・プラットフォームはルールを設定する。プラットフォームのメンバーはこれらの組織を所有し、オプションの要素を開発する。

さらに、ＩＢＭ、アップル、オラクルのような多数の知的財産権を所有する企業がＯＳＳ（オープンソース・ソフトウェア）コミュニティを受け入れて、社員にコミュニティに参加させ、著作権のあるソフトウェアをＯＳＳコミュニティに寄付したり、その成果を戦略的製品やサービスに組み込んだりしている。ＯＳＳコミュニティは、分権的な問題解決、自主的な参加、調整とコラボレーションの自己組織化、知識をフリーで公開することによってコミュニティの利益と個々の利益を同時に追求するハイブリッド型ガバナンスである。このようなオープンコミュニティはアパレル、バイオテクノロジー、ミュージック、エンターテインメントの領域で拡大している。

(2) スレッドレスコムのケース

次に外部のイノベーションを取り込むガバナンスをもつビジネスモデルについて三つのケースをとりあげて、その特色を明らかにしよう。

まず、スレッドレスコム（Threadless.com http://www.threadless.com/retail/）はTシャツのプラットフォーム企業で、コミュニティ・ベースの分散的イノベーションを利用する企業である（Lakhani and Panetta [2007]）。スレッドレスコムはデザイナー、メーカー、ユーザーを顧客とするプラットフォームである。アパレルなどのファッション企業は重要な課題に直面する。それはデザイナーが適切な時期にヒット商品をデザインし、生産サイクルと需要サイクルを同期化することである。スレッドレスコムは多数の顧客がイノベーション、新製品開発、販売予測、マーケティングを行うようなシステムを構築している。スレッドレスコムはデザインを誰からでも受け入れ、応募デザインをコミュニティ・ベースで選択するプラットフォームを構築して、アパレル特有の問題を克服している。

スレッドレスコムのビジネスモデルは、グラフィック・デザイナーやアマチュアのデザイナーが新しいTシャツのデザインを応募し、顧客の評価によってデザインが採用されるオープンシステムである。顧客は五段階で評価し投票するので、購入意思を明らかにしていることになる。これによって販売予測がかなり正確になる。スレッドレスコムこの情報をもとに毎週六から一〇種類の新しいTシャツの生産を行う。コンテストでトップのデザイナーはウェブサイトで公表され、二五〇〇ドルを賞金として受け取り、Tシャツにデザイナーの名前が印刷される。コミュニティ・メンバーは応募デザインを批評し、デザイナーがアイデアを改善するようにフィードバックする。オンライン・コミュニティに毎日一〇〇〇人を超えるメンバーがウェブにアクセスして、デザインについて議論している。スレッドレスコムは小売部門や卸売部門をもっているので、再販売企業の側面をもつ。しかし、それはコミュニティをもち、メンバーはTシャツのデザインを応募でき、サイト上で批評、評価するメンバー間でのフィードバック機能を備え、情報が共有されている。Tシャツのデザインに関してはマルチサイド・プラットフォームである。スレッドレスコムは伝統的なサプライチェーンに参加せず、また顧客開拓や広告のようなマーケティングをとっていない。

(3) イノセンティブコムのケース

伝統的に企業は医薬、バイオテクノロジー、消費財、ハイテク産業では科学ベースの研究開発問題をクローズドシステムで解決しようとしてきた。これに対して、イノセンティブコム（InnoCentive.com http://www.innocentive.com/）はウェブサイト上で、自組織で解決困難な問題をもつ探索企業と、その解決者をマッチングするマルチサイド・プラットフォームである。イノセンティブコムは許容可能なソリューションに対して五千ドルから一万ドルの賞金を提供する。問題解決者は匿名にされている。イノセンティブコムは、探索企業と問題解決者をマッチングできるようなシステムを構築している。探索企業は適切なソリューションを選択して、賞金を支払い、ソリューションの知的財産権を獲得する。

イノセンティブコムは創始者のビンガム（A. Bingham）の科学観に基づいている（Lakhani and Panetta [2007]）。かれによれば、多くの科学的な問題を解決するアプローチがとられ、ソリューションは多様であり、ある問題に最適なソリューションが類似した問題にとって最適とは限らない。しかし、企業内では研究員は少数であるので、問題領域にベストなアプローチやソリューションを気づかないことが多い。企業内部でソリューションが見つからない問題を多様な外部の研究者とマッチングすることが、科学的問題解決の生産性を高めることになる。

イノセンティブコムに参加している研究者は世界中で一二万人を超える。個別企業やその研究所が解決できない各問題に二百人以上の科学者が取り組み、約三分の一の問題が解決され、賞金が与えられた。多くのソリューションは予想外の出所から応募され、もともとの問題に取り組んでいた研究者からは生まれなかった。

(4) トップコーダーのケース

トップコーダー（Topcoder http://www.topcoder.com/）は、ソフトウェア・プロジェクトを仲介しているプラットフォームである（Boudreau and Hagiu [2009]）。トップコーダーは一方のサイドにおけるソフトウェアの買手と、他方のサイドにおける二百ヵ国におよぶ約二万人のデベロッパーをマッチングするマルチサイド・プラットフォームである。それは標準的なソフトウェアの開発で効率を向上させ、プロジェクトの複雑性を節約している。ソフトウェア・デベロッパーとその買手のコミュニティは定期的にコンテストを行って、個々のソフトウェアの問題を解決する。コンテストの勝者は報酬を得ることができるが、報酬は変動する。

このようなシステムは価格メカニズムを利用しているように見えるが、調整ルールが埋め込まれている。価格メカニズムと異なる点は、価格メカニズムが問題の解決の前に入札が行われるが、トップコーダーは事後的に報酬を決定する。したがって、入札よりも競争は激化し、淘汰の役割を果たす。さらに、事後的に賞を与えることは、あるソフトウェア・プロジェクトの最善の解決者に関する不確実性を克服できる。トップコーダーのメンバーは、過去のコンテスト結果に基づく技術評価、提案やパフォーマンスに関する情報を共有している。

(5) なぜコミュニティへ参加するのか

上述のビジネスモデルでは参加者の報酬は高くはない。また、OSSコミュニティには、一〇万人以上が参加している。そこで、イノベーションの分散化における誘因は明らかにする必要がある。参加者は経済的誘因だけでなく、知的好奇心やアイデンティティやコミュニティの社会的利益に関心を持っている。ＯＳＳコミュニティの参加者はタスクを達成感とタスクそれ自身の価値を重視している。さらに、ユーザーがそのニーズから参加する。特に、プログラマーは外部では利用可能でないソフトウェアを必要としているので、開発努力を行う。

ＯＳＳコミュニティの参加者の四〇％は、企業からの要請で参加している。それ以外は個人的な目的でそのソフトウェアを利用している。しかし、ＯＳＳコミュニティへの参加報酬は、企業の自由裁量によって、その参加者と企業に知的財産権が移転されてから支払われる。

仕事についてのピア（仲間、ここでは問題解決者）レビューはソフトウェアの評価であるので、労働市場で評判のシグナルとなる。コミュニティは比較的オープンで透明なプラットフォームとなって、参加者の技能と才能を将来の雇用者にアピールする。雇用者参加者の能力をスクリーニングし、雇用できる。参加者のコミュニティにおける経験は自らの能力を開発し、評判によってキャリアアップに結びつく。このように参加者のチャレンジ、知的好奇心、想像力がＯＳＳ、スレッドレスコム、イノセンティブコム、トップコーダーのようなコミュニティはイノベーションの分散化を促進する。

同時に、アイデンティティとコミュニティへの帰属意識は参加に動機づけとなる。アクティブなメンバーはコミュニティの規範に従って行動しようとする。例えば、ＯＳＳコミュニティでは参加はオープンであるが、メンバーはフリーで公開し、コードを共有するという規範を受け入れている。多くの人が開発したソースコードを利用して利益を得たメンバーは、コミュニティに貢献しようとする。

第七章　プラットフォーム時代の知的財産権

第一節　オープンイノベーションの類型
第二節　知的財産権の設定
第三節　ハイブリッド型ビジネスモデル
第四節　ビジネスモデルの事例

第一節　オープンイノベーションの類型

イノベーションのガバナンスは、タスク毎に考えなければならないことを前章で述べた。したがって、現実的なイノベーションのガバナンスは、ユーザー、製造企業、オープンコラボレーションのハイブリッド型である。製造企業が大規模で統合的な要素に投資を行うが、ユーザーやオープンコラボレーションはプラットフォームに補完的な企業が開発する。例えば、インテルがＭＰＵをクローズドで開発し、製造企業、ユーザー、組織間のコラボレーションがそれと補完的なハードウェアやソフトウェアを開発している。

プラットフォームは安定したフレームワークを提供して、多くの補完企業がイノベーションを支援する。プラットフォームは、マイクロソフトのようにＡＰＩによるインターフェイスの標準化から、ウェブサーバーのソフトウェアのアパッチ（Apache）やリナックス（Linux）のようなオープンソース・プロジェクトやフェイスブックのようなＳＮＳまで多様である。オープン化の程度や範囲は、後述するように、イノベーションの主体、補完的製品の重要性、互換性か非互換性かどうかに依存する。

オープン化はプラットフォームと補完的な関係にあるデベロッパーに対して、プラットフォームのコアの技術や情報をオープンにするケースと、プラットフォームを修正できないが、プラットフォームにアクセスすることができるケースとがある（Boudreau［2010］）。以下では前者をプラットフォームのオープン化、後者をアクセスのオープン化ということにする。プラットフォームのオープン化は参加者がプラットフォームを修正できる。アクセスのオープン化はインターフェイスを公開するか、またはクローズドにしているがドキュメンテーションや技術的サポートを提供することによってアクセスを可能にする。プラットフォーム企業がデベロッパーにアクセスをオープンにすれば、補完企業はプラットフォームに補完的な製品を開発できる。

図表7－1はプラットフォームのオープン化とアクセスのオープン化の高低によって分類されたマトリックスである。そこで2行1列（2, 1）は企業内プラットフォーム（垂直的統合）であって、アクセスとプラットフォームがクローズドである。それ以外はマルチサイド・プラットフォームである。1行2列（1, 2）はプラットフォーム

図表7-1　オープン化の類型

アクセスのオープン化 ＼ プラットフォームのオープン化	低い	高い
高い	（1, 1） マイクロソフト クラウドソーシング レファレンス・デザイン	（1, 2） アパッチ リナックス
低い	（2, 1） 垂直的統合	（2, 2） カスタム化

やアクセスでオープン化されている。リナックスやアパッチはユーザー、製造企業、オープンコラボレーションによってイノベーションが行われている。この意味でオープン化の程度がもっとも高い。

図表7－1でプラットフォーム企業が、プラットフォームを所有（統合）している。（1,1）と（2,2）のセルは、以下で明らかにするように、タスク毎にオープン化ないしはクローズド化が行われている。（1,1）はアクセスはオープン化されているが、プラットフォームはクローズドである。これはデベロッパーが通常ライセンス料を支払って、排他的ないしは限定された参加者が利用できるケースやフリーにするケースがある。前者はゲームコンソールである。後者の例はマイクロソフトのOSである。これはAPIを標準化しているので、デベロッパーがプラットフォームにアクセスできる。

図表7－1のクラウドソーシングは、オープンコラボレーションと統合のハイブリッド型ガバナンスである。これはプラットフォーム企業が、コントロールしているケースである。プラットフォームのコアのモジュールはクローズドであるが、それと補完的なモジュールはオープンである。これはプラットフォーム企業が問題を公開し、多数のデベロッパーがソリューションを提案して、ベストのそれが選択される。この意味ではコンテストベースである。採用されたソリューションの財産権はプラットフォーム企業にある。

クラウドソーシングはクローズドのコラボレーションであるが、これがオープンコラボレーションへ進化する可能性がある。第一に、アウトプットをオープンにすると、ユーザーによるイノベーションが行われる。第二に、アクセスがオープンになると、多数のユーザーが参加するので、低コストで効率的な問題を解決することができる。

図表7－1のレファレンス・デザインは、他者がコピーすることを認めたシステムの技術的青写真である。これは知的財産権をプラットフォーム企業とデベロッパーが共有しているので、デベロッパーはデザインを修正できる。これによってデベロッパーは、市場化の時間を短縮できる。レファレンスで・デザインの目的は、プラットフォームが最先端の技術を用いた次世代の製品の開発を支援することである。また、新興国の開発企業はデザインの開発能力を持たないが、レファレンスで・デザインを用いて生産を行っている。図表7－1のセル（2, 2）はオープンソースのOS（例えばリナックス）を製品に組み込んで、カスタム化によって製品化しているケースである。

第二節　知的財産権の設定

(1) 知的財産のモジュール化とは何か

本書第二章で述べたモジュール化ではハードウェアを想定した。しかし、コンピュータによる情報処理革命によりソフトウェアのウェイトが高まるにつれて、モジュールに付属する知的財産のウェイトが急速に高まった。知的財産のモジュール化は、相互に相互依存関係にある要素からなる複雑な製品やプロセスに適用される。この要素はより小さな構成要素からなる。要素とそれらの相互依存関係は、図表7－2のようなネットワークで示される。要素のリンクはその依存関係を示している。要素が変われば、他の要素もそれに応じて変化する。

製品またはプロセスの基本的なモジュラー構造に対応して知識が分割される。知識が法的に保護されると、その所有者は他者の使用を排除したり、公開することができるので、知的財産をモジュール化する。すべての要素は相互に補完的な関係にあり、システムが全体として価値をもつようにデザインされなければならない。製品またはプロセスは全体としてそのモジュールの合計より大きな価値を持たなければならない。

ビジネスモデルに応じてシステムが要素に分解される。次節で明らかにするように、どのモジュールをクローズド化ないしはオープン化するかはビジネスモデルによって異なる。分解された要素の集合が知的財産のモジュールである。知的財産のモジュール化は、ハードウェアのそれと同様に境界をもつ。製品やプロセスのデザイナーは、モジュール化の程度とその境界をビジネスモデルに応じてコントロールする。

図表7－2のAとBは知識の異なった要素であって、相互に補完的な関係にあることが実線で示さ

れている。図表7－2(a)はインテグラル・システムであり、図表7－2(b)はモジュラー・システムである。図表7－2(a)は、知的財産の構成要素AとBとの間に境界が存在せず一つのシステムになっている。図表7－2(b)は要素AとBの集合の二つのモジュールからなり、点線で示される境界が存在する。

図表7－2(b)のように、知識は製品またはプロセスの基本的なモジュラー・アーキテクチャに対応してモジュールに分割される。この段階でプラットフォーム企業はユーザーやデベロッパーにどのようなタイプの権利を与え、どのようなタイプの知的財産にどの程度アクセスできるかを決定しなければならない。特許や著作権を設定したり、ノウハウにしたりしてその知識を所有権するかもしれない。

図表7-2　インテグラル構造とモジュラー構造

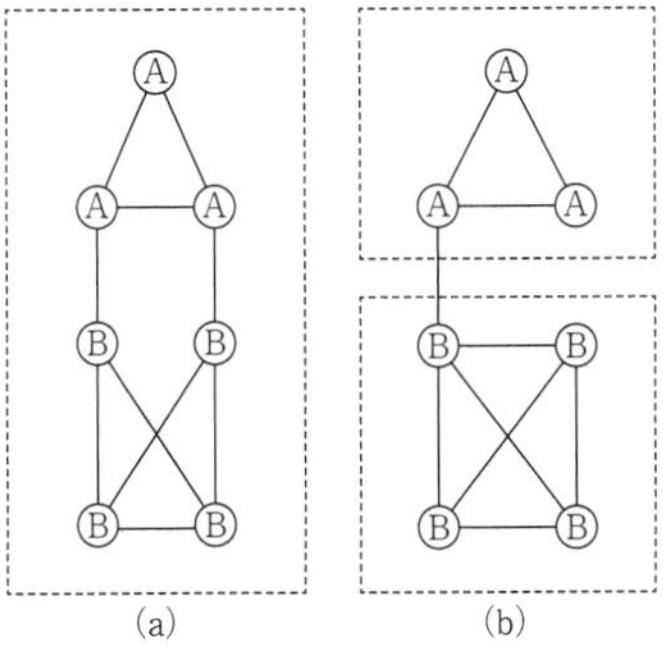

（出所）Baldwin and Henkel [2011].

さらには、第三者にその知的財産権をライセンスするか、組織内でのみ利用するかもしれない。また、知的財産権をオープンにするかもしれない。

図表7－3(a)はモジュール化されているが、異なった知的財産のモジュールAとBが同じモジュールにあるので、知的財産権のモジュラー構造ではない。知的財産のモジュール化はデザイン・コストがかかるが、再デザインすることができる。企業が製品やプロセス

図表7-3　モジュラー構造

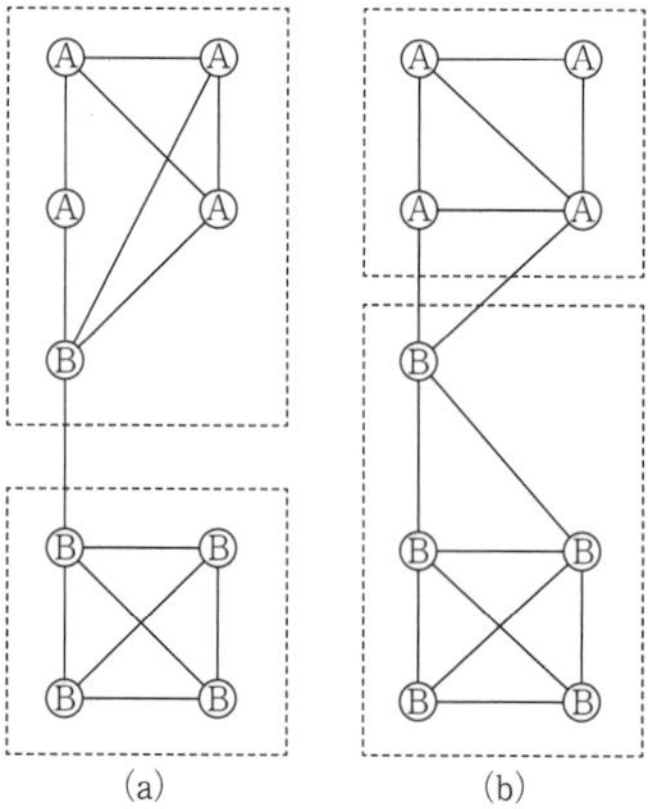

（出所）Baldwin and Henkel [2011].

でシステムのモジュール間の境界とインターフェイスを導入して、知的財産を所有することによってコントロールすることができる。

図表7－3(a)のシステムで要素Bを図表7－3(b)のように移動して、モジュールの境界を変更するように再デザインすると、システムは知的財産のモジュラー構造となる。図表7－3(b)のように知的財産のモジュールを再デザイン化すると、上のモジュールと下のモジュールのどちらかをオープン化するようなビジネスモデルが選択可能となる。再デザインによって明確に定義された境界とインターフェイスによる厳密な製品またはプロセスのモジュール化にはコストがかかる。

(2)　個別企業の利益とイノベーションによる価値創造

モジュラー・システムではイノベーションはモジュールレベルで創発し、製品システムのイノベーションとなる。したがって、製造企業からある距離をおいてイノベーションが創発するので、イノベーションを起こした企業が最大の利益を獲得するとは限らない。プラットフォーム企業があるモジュールを参加企業にオープン化すれば、多数の企業がイノベーションによって価値を創造することができるが、プラットフォーム企業の利益は低下する。逆に、クローズドにすれば、プラットフォーム企業の利益は高くなるが、イノベーションの価値を最大化することができない。

このように、モジュールのオープン化とクローズド化はトレードオフ関係にある。プラットフォームやオプションのモジュールがオープン化されると、ユーザーはそれらにアクセスできるので、これらのモジュールの品質が高くなる。そのためイノベーションの価値は増大する。しかし、あるモジュールがオープンであれば、多くの企業がそれを組み込んで製品化できる。オープン化は他者がフリーで利用できるので、その結果オプションの多様でしかも価格が低くなる。しかし、競争が増大する。その結果、プラットフォーム企業やオプションのモジュール企業の価値は減少する。

知的財産がモジュール化されると、プラットフォーム企業はプラットフォームを構成するモジュール毎にオープン化ないしクローズド化することができる。もし、プラットフォーム企業が知的財産をモジュール化できなければ、その全体をオープンにするか、クローズドにするかという選択をしなければならない。

ハードウェアや知的財産をモジュール化できれば、プラットフォーム企業はクローズドのモジュールとオープンのモジュールを組み合わせるようなハイブリッド型ビジネスモデルをとることができる。プラットフォームがコアのモジュールとそれと補完的なモジュールからなるとしよう。例えば、ソフ

図表7-4　ビジネスモデルの類型

補完的モジュール（エクステンション）＼コアのモジュール（ベース）	オープン	クローズド
オープン	(1, 1) オープン型 ビジネスモデル	(1, 2) ハイブリッド型 ビジネスモデル
クローズド	(2, 1) ハイブリッド型 ビジネスモデル	(2, 2) クローズド（統合）型 ビジネスモデル

トウェアのケースではベースのプログラム（コアのコード）とエクステンション（エッジコード）に分離できる。ベースはエクステンションがなくても機能するが、エクステンションはベースがなければ機能しない。

エクステンションは、トレーニングやサポートサービスのような補完的サービスも含まれる。プラットフォーム企業は知的財産にモジュラー・アーキテクチャを採用すれば、モジュール毎にオープンにするか、知的財産権を設定してクローズドにするかを設定することができる。ソフトウェアのケースではベースとエクステンション毎にオープンないしはクローズドにすることができる。

このように考えると、ビジネスモデルは図表7－4のように四つに類型化できる。セルの（2, 2）はコアのモジュールと補完的モジュールをクローズドにするクローズド型ビジネスモデルである。セル（1, 1）はこれと正反対にすべてのモジュールをオープンにするオープン型ビジネスモデルである。セル

(1, 2) と (2, 1) はどちらか一方のモジュールをオープンないしはクローズドにするハイブリッド型ビジネスモデルである。セル (1, 2) はコアのモジュールをオープンにし、補完的モジュールをクローズドにし、セル (2, 1) は前者をクローズドにし、後者をオープンにするビジネスモデルである。ハイブリッド型ビジネスモデルはクローズドのモジュールから利益を得ると同時に、オープンのモジュールによってイノベーションを促進しようとしている。

図表7－1で示したオープン化の類型と対応すると、図表7－4のクローズド型ビジネスモデルの多くはデベロッパーに対してアクセスのみをオープン化している。デベロッパーはこれらのプラットフォームを修正できない。コアまたは補完的モジュールをオープン化しているビジネスモデルはアクセスとプラットフォームをオープン化しているので、デベロッパーのイノベーションを導入することができる。

モジュールがオープンにされると、ユーザーがソースコードにアクセスし、改善することができる。それによってモジュールの品質が改善されるので、社会的な価値が高くなる。オープンのモジュールはフリーで提供されるし、さらにはデベロッパーのただ乗りがおきるので、競争が激化する。それによって価格が下がるので、プラットフォーム企業の利益が低下する。

ビジネスモデルとプラットフォーム企業の利益獲得とイノベーションによる価値創造の関係は、図表7－5で示されている。ある企業がプラットフォームないしはモジュールをオープンにすればする

図表7-5　ハイブリッド型ビジネスモデル

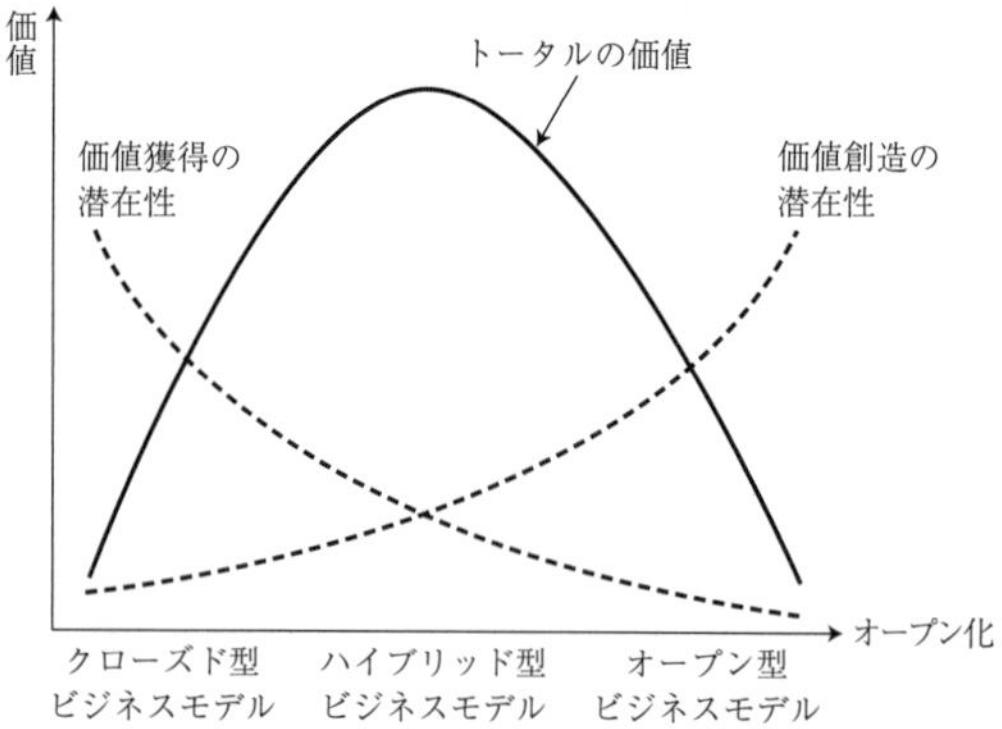

（出所）Casadesus-Masanell and Llanes［2009］.

ほど、他の企業がただ乗りするので、当該企業による価値獲得は低下していく。しかし、モジュールのオープン化の程度が高くなればなるほど、イノベーションによる価値創造が大きくなる。その結果、エコシステム全体の価値は、コアのモジュールまたは補完的モジュールをオープン化し、もう一方のモジュールをクローズドにするようなハイブリッド型ビジネスモデルがトータルの利益を大きくする。

　モジュールがオープンであれば、プラットフォームに参加するデベロッパーがコミュニティを形成できるので、ユーザーも含めた参加者のエコシステム全体の利益が大きくなる。一方、プラットフォーム企業がモジュールをクローズド化すれば、知的所有権をコントロールできるので、その利益が大きくなる。しかし、現実には完全なオープンと完全なクローズドは極端であって、通常モジュールのオープン化とクローズド化がミックスしたハイブリッド型ビジネスモデルがとられることが多い。特にソフトウェア産業ではそうである。一般的には、完全にオープンなビジネスモデルはイノベーションを大規模かつスピーディにすることができるが、プラットフォーム企業の利益は小さくなる。一方、イノベーションを創造する価値が大きくなる。完全にクローズドなビジネスモデルはプラットフォーム企業の利益は大きくなる。しかし、イノベーションはおきないか、そのスピードは遅くなるので、その価値創造は小さくなる。

オラクルは、二〇〇九年にサンマイクロシステムズを買収した。サンマイクロシステムズの主力ソフトウェア製品は、ジャバとOSのソラリス（Solaris）であった。サンマイクロシステムズは二〇〇五年にOSのソラリス、二〇〇六年にジャバをオープンソース・プロジェクトとして公開した。サンマイクロシステムズは、このようなオープン化によって十分な利益を獲得できなかった。一方、オラクルはデータベース（Database）やフュージョン・ミドルウェア（Fusion Middleware）などの主力製品をクローズドで販売した。

サンマイクロシステムズとオラクルの統合は、イノベーションの価値創造と個別利益を獲得する可能性のバランスをとったと考えられる。フュージョン・ミドルウェアはジャバの言語を基礎にし、ソラリスはオラクルのデータベースのプラットフォームとなった。両者の主要製品は補完性の程度が高かったといえる。

第三節　ハイブリッド型ビジネスモデル

(1) ビジネスモデルの分類

多数のプラットフォーム企業はオープンソース・プロジェクトに参加して、そのOSに補完的な製品を開発販売している。例えば、IBMはオープンプラットフォームのリナックスをサポートする補完的ソフトウェアやコンサルティングサービスを販売している。またレッドハット（Red Hat）はリナックスなどのオープンプラットフォームを使ったソフトウェアを開発している。レッドハットのビジネスモデルは、そのライセンス料はフリーで、ソフトウェアのアップデート、そのアップグレード、保守サービス、バグデータを一体化したサブクリプション（年間契約書）を販売している。かつてサンマイクロシステムズは、ジャバのようなオープンソースのプラットフォーム搭載したサーバーのような補完的ハードウェアを販売した。

このように、オープンのプラットフォームを組みこんでエクステンション（拡張機能）製品を販売している企業が増大している。これはプラットフォーム企業がプラットフォームをオープンにして、それと補完的な製品（ソフトウェア、コード）を販売している。プラットフォーム企業は図表7－3

(a)を(b)のように再デザイン化して、あるモジュールをプラットフォームとしてオープンにして、デベロッパーがアクセスできるようにする。同時に、その企業がプラットフォームを基礎にした補完的製品を販売している（クローズド化）。このビジネスモデルはハイブリット型である。

マイクロソフトはプラットフォームをクローズドにして、アクセスをオープン化している。同時に、マイクロソフトはノーベルと提携して、リナックスなどのオープンソースのプラットフォームにマイクロソフトの技術を組み込んだ製品を販売した。さらに、マイクロソフトはその製品で外部のデベロッパーがコードを修正できるようなライセンス契約を締結できるようにした。

以下ではプラットフォームがコアのモジュールと補完的モジュールからなり、一体となってユーザーに提供されると考えよう。オープンソース・プロジェクトはユーザーがフリーで利用可能である。オープンであれば、ユーザーによるイノベーションがおきるが、クローズドであれば、ユーザーによるイノベーションはおきない。コアのモジュールがオープンであれば、それを組み込んだ補完的モジュールで競争がおきる。コアのモジュールがクローズドで、補完的モジュールがオープンである場合には、コアのモジュールがないと製品化できないので、プラットフォーム企業の競争相手は存在しない。

第一章で述べたように、ビジネスモデルは企業が利害関係者に対して価値を創造し、獲得する活動のロジックなので、組織や競争戦略を含むが、ここではオープンか、クローズドか、ハイブリッド型

図表7-6　ソフトウェアのビジネスモデル

補完的モジュール（エクステンション）＼コアのモジュール	オープン	クローズド
オープン	・レッドハット（リナックス仕様） ・MySQL ・オープンソラリス ・Eclipse	・JasperSoft ・SugarCRM ・Zimbra ・マックOSX ・アンドロイド
クローズド	・マイクロソフトネット ・Stata ・マセマティカ ・フェイスブック ・バルブソフトウェア社 ・M-Systems	・ウィンドウズ ・オフィス ・オラクル ・SAP ・インテルのMPU

（出所）Casadesus-Masanell and Llanes［2009］を一部修正して作成。

かの選択を考える。ビジネスモデルは短期的には非可逆的である。例えば、プラットフォームがオープン化されれば、知的財産権の公開によってコードなどの知識が共有されるので、それをクローズドにすることができない。

図表7－6は、ビジネスモデルの例を示している。図表7－6で、MySQLはオープンソース・データベース、Eclipseはオープンソースの統合開発環境、JasperSoftはビジネスインテリジェンス・ソフトウェア、SugarCRMは顧客関係管理ソフトウェア、ZimbraはEメールやコラボレーションのサーバー・ソフトウェア、マイクロソフトネットはネットワークベースのアプリケーション動作環境、Stataは統合統計パッケージ、マセマティカは数式処理システム、SAPは企業向けのパッケージソフトである。バルブソフトウェア社とM-Systemsは

次節で述べる。

(2) ビジネスモデルの選択

個別企業の価値獲得とイノベーションによる価値創造とは、トレードオフ関係にある。プラットフォームが完全にオープンであれば、ユーザーはフリーでアクセスすることができて、コミュニティが形成され、イノベーションが促進される。したがって、製品の価値が増大し、イノベーションの社会的価値が増大する。前章で述べたように、モジュール化が進行すると、情報技術の進化によって調整コストが低下する。そのため多数のユーザーがイノベーション活動を行う。さらに、モジュール化によってソフトウェアのプログラミングでバグの修正が加速し、ソフトウェアの安定性が高まる。

コアのモジュールがオープンになると、新規参入の企業が増えて競争が激化するので、製品の価格が下がる。その結果、プラットフォーム企業による価値獲得が減少する。プラットフォーム企業がユーザーのイノベーションを利用するかどうかを決定する。ここではプラットフォームが二つのモジュールからなっているので、それらのモジュールが互換的であれば、これら二つモジュール間の補完関係の程度がビジネスモデルの選択に影響する。そこで、個別企業の利益と社会的価値とのトレードオフ関係になる要因は次の二つからなる（Casadesus-Masanell and Llanes [2010]）。

(a) ユーザーによるイノベーションの程度

(b)　コアのモジュールと補完的関係にあるモジュールの価値

プラットフォームが差別化されていると考えよう。したがって、プラットフォーム企業は独占的に行動する。ユーザーによるイノベーションと補完的モジュールの価値が高いと、コアのモジュールと補完的モジュールをオープンにするビジネスモデルが選択される。ユーザーによるイノベーションが行われるようになると、企業はコアのモジュールと補完的モジュールをオープンにして、ユーザーによるイノベーションを利用しようとする。一方で、オープンソース・プロジェクトを利用する企業が参入するので、当該プラットフォーム企業の利益が低下する。しかし、ユーザーによるイノベーションが大規模に行われると、それによってえられる利益が競争による損失を上回るので、プラットフォーム企業はオープンビジネスモデルを選択する。

補完的モジュールの価値が大きくなると、オープンソース・プロジェクトを組み込んだ製品とそうでない製品との品質の差が大きくなる。そのため、オープンソース・プロジェクトを組み込んだ製品はそうでない企業の脅威とならないので、プラットフォームと補完的製品ともにオープンにするビジネスモデルがとられる。

ユーザーによるイノベーションの程度が小さくなると、それからの利益が小さくなるので、企業はコアのモジュールをオープンにし、補完的モジュールをクローズドにする。ユーザーによるイノベーションの程度が大きくなると、プラットフォーム企業はコアのモジュールをオープンする。補完的モジュールがオープンになっても、コアのモジュールがオープンにならない限り、新規参入がない。コアのモジュールがオープンになると、それを組み込む企業が新規参入するので、補完的モジュールの価格が低下する。補完的モジュールにおけるユーザーのイノベーションの利用の程度はコアのモジュールほどではない。

通常ユーザーによるイノベーションの程度が高い場合には、プラットフォーム企業はコアのモジュールをオープンにする。さらに、補完的モジュールの価値が高い場合にもオープンにする方が最適である。この場合、企業はユーザーベースを構築して、製品の販売から利益を得ようとする。さらに、プラットフォーム企業間の競争がなければ、ユーザーによるイノベーションの程度が低くて、または補完的製品の価値が低い場合ないしは両者とも低い場合、企業はハイブリッド型ビジネスモデルを選択する。

例えば、マイクロソフトはマイクロソフトネットにコンパイルされる言語（ビジュアルベーシックなど）をオープン化している。というのは、これらの言語を使うユーザーはクローズドのプラットフォームであるマイクロソフトネットを使って、開発するコードをコンパイルしなければならないからである。

もう一つの例は、統計パッケージソフトウェアのStataである。Stataは多数のアドファイル（追加のプログラム）をオープンにして、ユーザーは特定のタスク（例えば、計量経済学モデル）それを使う。アドファイルはオープンであるが、それを使うためにはクローズドのStataを使って、コンパイルする必要がある。

前章第五節で述べたように、非営利的な組織が品質の高いオープンソース・プロジェクトで参入してくることがある。例えば、アパッチやリナックスのような非営利的オープンソース・プロジェクトがマイクロソフトやＩＢＭと競争するケースがある。このオープンソース・プロジェクトが既存のプラットフォームと互換的であるとしよう。オープンソース・プロジェクトの品質が高いとき、企業はオープンソースの・プロジェクトを組み込む。代替的ベースが利用可能になるので、オープンソース・プロジェクトは既存のプラットフォーム企業にとって競争圧力となる。

このケースではオープン型ビジネスモデルが選択される。オープンソース・プロジェクトの品質が高いので、企業はこれを選択する。このとき、個別企業の利益が大きくなると同時に、イノベーションの価値も大きくなる。このケースはプラットフォーム企業の利益とエコシステム全体の利益は一致する。

この例はＩＢＭがリナックスを支援しているケースである。ＩＢＭは独自のＯＳ（Z/OS）をもっていたが、オープンソースのリナックスが優れたプラットフォームであったので、リナックス関連のサポートやコンサルティングを販売する方が利益が得られた。現在では、ＩＢＭはリナックスに運営している五〇〇以上のソフト製品としてサポートを提供して、世界中で一五〇〇〇社以上のリナックス関連の顧客を持つ。

オープンソース・プロジェクトが既存のプラットフォームと非互換的である場合を考えよう（Casadesus-Masanell and Llanes［2010］）。オープンソース・プロジェクトを組み込んだ企業は非互換的であるので、オープンになったモジュールを採用しない。したがって、プラットフォーム企業は品質の高いモジュールをオープンにする。補完的モジュールはコアのモジュールがなければ機能しないので、プラットフォーム企業は競争相手に影響されずに、補完的モジュールをオープンにして、ユーザーによるイノベーションから利益を得ようとする。

プラットフォーム企業のモジュールがオープンソース・プロジェクトよりも品質が劣っている場合はどうであろうか。オープンソースのビジネスモデルのメリットは、多様なデベロッパーのイノベーションを利用することにある。したがって、互換性があることが望ましい。しかし、非互換性であるので、このような戦略をとることができない。したがって、このケースでは統合のビジネスモデルがとられる。

互換性と非互換性をとるかはビジネスモデルの選択と社会的利益に影響を与える。まず、非互換性の下ではモジュールとオープンソース・プロジェクト間の望ましい組み合わせができない。次に、モジュラー・アーキテクチャはユーザーによるイノベーションを促進するが、非互換性の下ではユーザーによるイノベーションを最大限利用することができない。さらに、非互換性がとられると、オープンソース・プロジェクトを組み込んだ企業は、ハイブリッド型ビジネスモデルの企業がそのモジュールを採用するという見込みが小さいと考える。したがって、非互換性の下ではオープンソース・プロジェクトの企業がハイブリッド型ビジネスモデルをとる可能性が小さくなる。イノベーションによるエコシステムの利益を大きくするには、少なくとも互換性が確保されなければならない。

第四節　ビジネスモデルの事例

(1)　バルブソフトウェア社のケース

以下ではどのようなビジネスモデルがとられているかを事例によって見ていくことにする。イノベーションへの投資を回収するには程度の差こそあれ、オープン化が必要になる。例えば、一九九八年に、ゲームソフトウェア企業のバルブソフトウェア社（Valve Software）はゲーム「Half-Life」をリリースした（Henkel and Baldwin［2009］）。そして、コアのエンジンと補完的なコードを別々のモジュールにするようなコードベースをデザインし。前者をクローズドにし、後者をオープンにするハイブリッド型ビジネスモデルをとった。

バルブソフトウェア社はエンジンをライセンスして、機密のソースコードを保持したが、補完的ソースコードを公開して、デベロッパーが修正できるようなライセンスを与えた。デベロッパーが補完的コードを利用して改良されたゲームは、バルブソフトウェア社のオリジナルのゲームよりも普及した。デベロッパーはフリーに修正できるのではなく、バルブソフトウェア社のコアのエンジンを利用しなければならなかった。このようなハイブリッド型ビジネスモデルが成功した。インテグラルであれば、バルブソフトウェア社はすべてのコードベースをオープンにするか、クローズドにするかの選択しかない。前者であれば、利益が得られないし、後者ではイノベーション価値を共同創造することができない。

バルブソフトウェア社はプラットフォームを所有して、知的財産のモジュール化によってデベロッパーと共同開発すると同時に、自己利益を獲得した。知的財産のモジュール化は多様であって、複雑な製品やプロセスによって異なる。最近の傾向として、ハイブリッド型ビジネスモデルがとられることが多い。

(2) サンディスク社のケース

フラッシュメモリのサンディスク社（SanDisk）のM-Systemを見てみよう（Henkel and Baldwin [2009]）。二〇〇五年に、オープン・ソースOSのリナックスはモバイルのデバイスとして普及した。

フラッシュメモリの買手のニーズは、ホストシステムを容易に開発できるようなメモリーのドライバー（モバイルのデバイスの中で機能するソフトウェア）がオープンソース・プロジェクトとして公開されることであった。一方で、サンディスク社はドライバーの一部を知的財産権として保護したかった。

その解決策としてM-Systemsは、ドライバーに知的財産のモジュラー・アーキテクチャを導入した。それは一つのドライバー（モジュール）を、フラッシュマネジメント・コードとシンドライバー（thin driver）の二つのモジュールに分割した。前者には知的財産権を設定してクローズド化し、後者はオープンソース・ソフトウェアとしてドライバーを公開した。サンディスク社はフラッシュマネジメント・コードをコントロールし、それと補完的なモジュールをオープンにしたので、前者から利益を確保しながらイノベーションを加速した。

モジュラー・システムでは、イノベーションはモジュールレベルでおき、製品システムのイノベーションを引き起こす。したがって、エコシステムでは焦点企業からある距離をおいてイノベーションが創発するので、イノベーションを起こした企業が最大の利益を獲得するとは限らない。モジュラー・システムでは、補完的イノベーターが大きな利益をえることがある。

例えば、ＩＢＭはＩＢＭ三六〇にモジュラー・アーキテクチャをとったので、互換的な周辺機器（例えば、ディスク・ドライブ）のメーカーが参入することができた。ＩＢＭ ＰＣはプラットフォームをOSのマイクロソフトとMPUのインテルに分割したので、IBMではなくインテルとマイクロソフトが大部分の利益を獲得した。

(3) インテルのケース

モジュールを二つに分割した場合、モジュールを統合して知的財産権を設定して、利益を確保しようとする（Henkel *et al.*［2012］）。IBMは一九八一年にPCでMPUとしてインテルの八〇八八MPUを選ぶ際、インテル一社に発注すると交渉力が低下するので、セカンドソースの供給企業としてAMDにも発注した。一九八三年にAMDが優れた機能をもつプロセッサーを発売したことに対抗して、インテルはMPUに知的財産権を設定する戦略をとった。一九九五年にはMMXペンティアムを命令セットに組み込んで、ソフトウェアからハードウェアへの命令を機能的にした。インテルは、マザーボードに接続するソケットとMMXを統合してクローズドにした。インテルのプラットフォームはクローズドなモジュールとオープンにしているPCIバス（インターフェイス）からなる。インテルはインテルインサイドのマーケティングキャンペーンで、一九九〇年代後期にPCのMPU市場を支配的にした。セカンドソースに見られるように、知的財産権をプロテクトするのが十分ではない場合に、他の要素を統合することができる。

(4) マイクロソフトのケース

企業内部の自身の知的財産権をクローズドにするように、二つ以上の外部モジュールの知的財産権を一つのモジュールに統合することがある。マイクロソフトは3E（embrace, extend, extinguish）戦略、すなわち「取り込み、拡張し、抹殺する」戦略をとった。これは広く使われている標準に関連する製品やソフトウェアを投入し、この要素にマイクロソフトが所有する機能を追加して拡張することによってライバル企業に打ち勝つ戦略である。

「取り込み」は競合する製品と事実上互換なソフトウェア、または公開された標準を実装したソフトウェアを開発することである。次に、「拡張」は競合製品や標準にはない機能を追加・推進し、顧客が本来の単純な標準を使おうとしたときに、相互運用性の問題が生じるようにすることである。「抹殺」は市場を独占することで拡張部分が事実上の標準（デファクトスタンダード）となったとき、ライバル企業はこの拡張をサポートできなければ、競争上不利になることである。

ジャバはウィンドウズ、マック、リナックスのようなOSで動作可能なプログラムを作成することを目標としている。しかし、マイクロソフトはウィンドウズ上のジャバを意図的にプラットフォームに依存させ、リナックスやマックで使えなくした。同社はジャバのクロスプラットフォーム機能を軽視し、ウィンドウズのアプリケーション作成用言語にしようとしていたと考えられる。二〇〇〇年にインターネット標準の一つであるケルベロス認証プロトコルの独自拡張がウィンドウズに実装された。

このため、ケルベロスを使って ウィンドウズのサーバーにアクセスしようとした場合、マイクロソフト製品以外はアクセスできない事態が発生した。なお、二〇〇一年マイクロソフトはこれについて契約違反を認めて、サンマイクロシステムズに対して二〇〇〇万ドルを支払った。

3E戦略を用いたのはマイクロソフトだけではない。ブラウザでマイクロソフトやネットスケープは標準と互換性のない独自の拡張を導入し、ネットスケープが事実上の標準となった。しかし、ブラウザ戦争を繰り返すのを防ぎ標準同士の衝突を解決するため、アップルはサファリ、モジュラー財団はファイアフォックスなどWWWを補完するオープン標準を策定している。

このような3E戦略を知的財産のモジュール化の観点からすると、プラットフォーム企業は、知的財産権でプロテクトされている要素と、オープンで外部の要素（オープンスタンダード）とを一つのモジュールに統合して（所有して）、外部の知的所有権をコントロールしようとしている。換言すると、この戦略は、外部のオープンの知的財産のモジュールをプラットフォームに組み込んで、オープンの要素をコントロールしようとしている。しかし、この戦略はプラットフォーム間の競争を阻害し、独占禁止法上の問題が多い。

Wheelwright, S. C. and K. B. Clark [1992], "Creating Project Plans to Focus Product Development," *Harvard Business Review*, 70, pp.67-83.

Williamson, O. [1975], *Markets and Hierarchies: Analysis and Antitrust Implications*, Free Press（浅沼万里，岩崎晃訳 [1980]『市場と企業組織』日本評論社）.

Williamson, O. [1985], *The Economic Institutions of Capitalism*, Free Press.

Williamson. O. [1986], *Economic Organization*, Wheatsheaf Books（井上馨，中田善啓監訳『エコノミック　オーガニゼーション―取引コストパラダイムの展開―』晃洋書房）.

Yoo, Y.,K. Lyytinen, R. Boland, N. Berente, J. Gaskin, D. Schutz, and N. Srinivasan [2010], "The Next Wave of Digital Innovation: Opportunities and Challenges," Working Paper, available at: http://papers.ssrn.com/sol3/papers.cfm?abstract_id=1622170.

Klein, B. and K. B. Leffler [1981], "The Role of Market Forces in Assuring Contractual Performance," *Journal of Political Economy*, 89, pp.615-641.

Lakhani, K. and J. Panetta [2007], "The Principles of Distributed Innovation," Berkman Center for Internet & Society Research Publication Series, No.2007-7, available at: http://ssrn.com/abstract=1021034.

Lakhani, K. and M. Tushman [2012], "Open Innovation and Organiozational Boundaries: Decomposition and Knowledge Distribution on the Locus of Innovation," HBS Working Paper, 12-057.

Langlois, R. M. [2006], "The Secret Life of Mundane Transaction Costs," Unpublished Working Paper.

Luo, J., D. E. Whitney, C. Y. Baldwin and C. L. Magee [2011], "How Firm Strategies Influence the Architecture of Transaction Networks," Harvard Business School Finance Working Paper, No.11-076.

Moe, W.W. [2003], "Buying, Searching, or Browsing: Differentiating between Online Shoppers Using Instore Navigational Clickstream", *Journal of Consumer Psychology*, 13, 29-39.

Naughton, K., E. Thornton, K. Kerwin and H. Dawley [1997], "Can Honda Build a World Car?" *Business Week*, 100, 8 September, available at: http://www.businessweek.Com/1997/36/b3543001.html/.

Oestreicher-Singer, G. and A. Sundarajan [2010a], "Recommendation Networks and the Long Tail of Electronic Commerce," Working Paper, available at: http://ssrn.com/abstract=1324064/.

Oestreicher-Singer, G. and A. Sundarajan [2010b], "The Visible Hand of Peer Networks in Electronic Markets," Working Paper, available at: http://ssrn.com/abstract=1268516/.

Owen, L. H. [2011], "Amazon's Bezos: Mobile Shopping Has Great Room for Improvement," *Paid Content*, June 7, available at: http://paidcontent.org/article/419-amazons-bezos-mobile-shopping-has-great-room-for-improvement-/35/.

Parker, G. and M. Van Alstyne [2012], "Innovation, Openness & Platform Control," Working Paper, available at: http://ssrn.com/abstract=1079712.

Rysman, M. [2009], "The Economics of Two-Sided Markets," *Journal of Economic Perspectives*, 23, pp.125-143.

Spulber, D. F. [1998], *The Market Makers*, Business Week Books.

von Hippel, E. [2005], *Democratizing Innovation*, MIT Press（サイコム・インターナショナル訳［2005］『民主化するイノベーションの時代』ファーストプレス）.

Casadesus-Masanell, R. and G. Llanes [2010], "Mixed Source," HBS Working Paper, 20-022.

Casadesus-Masanell, R. and J. Richart [2009], "From Strategy to Business Models and to Tactics," HBS Working Paper, 10-036.

Evans, D., A. Hagiu and R. Schmalensee [2006], *Invisible Engines: How Software Platforms Drive Innovation and Transform*, MIT Press.

Fowler, G. A. and J. A. Trachtenberg [2010], "'Vanity' Press Goes Digital," *Wall Street Journal*, June 3, http://online.wsj.com/article/SB100014240527487049120045752531321214412028.html/.

Frank, R. H. [1985], *Passions within Reason*, W. W. Norton & Company（山岸俊男監訳［1998］『オデッセウスの鎖』サイエンス社）.

Frank, H. and P, J. Cook [1995], *The Winner-Take-All Society*, Penguin Books（香西泰監訳［1998］『ウィナー・テイク・オール』日本経済新聞社）.

Gallagher, D. [2011], "Third-Party Business Fuels Amazon's Overall Growth," *MarketWatch*, July 25, http://www.marketwatch.com/story/third-party-business-fuels-amazons-overall-growth/.

Gawer, A. [2009], "Platform Dynamics and Strategies: From Products to Services," in A. Gawer(ed.), *Platforms, Markets and Innovation*, E. Elgar, pp.45-76.

Gawer, A. and M. A. Cusumano [2008], "How Companies Become Platform Leader," *MIT Sloan Management*, 49, pp.28-35.

Gawer, A. and R. Henderson [2007], "Platform Owner Entry and Innovation in Complementary Markets: Evidence from Intel," *Journal of Economic & Management Strategy*, .16, pp.1-34.

Hagiu, A. [2007], "Merchant or Two-Sided Platform?" *Review of Network Economics*, 6, pp.115-133.

Hagiu, A. and J. Wright [2011], "Multi-Sided Platforms," HBS Working Paper, 12-024.

Henkel, J. and C. Baldwin [2009], "Modularity for Value Appropriation: Drawing the Boundaries of Intellectual Property," HBS Working Paper, 09-097.

Henkel, J., C. Baldwin and W. Shih [2012], "IP Modularity: Profiting from Innovation by Aligning Product Architeture with Intellectual Property," HBS Working Paper, 13-012.

Jiang, B., K. Jerath, and K. Srinivasan [2011], "Firm Strategies in the "Mid Tail" of Platform-Based Retailing," Working Paper, available at: http://ssrn.com/abstract=1633150.

Kapferer J-N.1998], *Strategic Brand Management*, Kogan Page.

Baldwin, C. [2008], "Where Do Transactions Come from? Modularity, Transactions, and the Boundaries of Firms," *Industrial and Corporate Change*, Vol.17, Issue 1, pp.155-195.

Baldwin, C. [2012], "Organization Design for Distributed Innovation," HBS Working Paper, No.12-100, available at: http://ssrn.com/abstract=2055814.

Baldwin, C. and K. Clark [2000], *Design Rules, Vol.1: The Power of Modularity*, MIT Press（安藤晴彦訳『デザイン・ルール：モジュール化パワー』東洋経済新報社）.

Baldwin, C. and J. Henkel [2011], "The Impact of Modularity on Intellectual Property and Value Appropriation," HBS Working Paper, 12-040.

Baldwin, C. and E. von Hippel [2010], "Modeling a Paradigm Shift: From Producer Innovation to User and Open Collaborative Innovation," HBS Working Paper 10-038.

Baldwin, C. and C. Woodard [2011], "The Architecture of Platforms: A Unified View" in A. Gawer(ed.) *Platforms, Markets and Innovation*, Edward Elgar, pp.19-44.

Boudreau, K. [2010], "Open Platform Strategies and Innovation: Granting Access vs. Devolving Contorl," *Management Science*, 56, pp.1849-1872.

Boudreau, K. and A. Hagiu [2009], "Platform Rules: Multi-sided Platforms as Regulators," in A. Gawer(ed.), *Platforms, Markets and Innovation*, Edward Elgar, pp.163-191.

Boudreau, K. and K. Lakhani [2009], "How to Manage Outside Innovation," *MIT Sloan Management Review*, 50, p.69-76.

Brin, S., and L. Page [1998], "The Anatomy of a Large-scale Hypertextual Web Search, Engine," *Computer Networks and ISDN Systems*, 33, pp.107-117.

Brynjolfsson, E., Y. Hu, and D. Simester [2010a], "Long Tails versus Superstars: The Effects of IT on the Product on Product Variety and Sales Concentaration Patterns," Working Paper, available at: http://ssrn.com/abstract=1676368.

Brynjolfsson, E, Y. Hu, and D. Simester [2010b], "The Long Tails: The Changing Shape of Amazon's Sales Distribution Curve," Working Paper, available at: http://ssrn.com/abstract=1679991.

Brynjolfsson, E., Y. Hu, and D. Simester [2011], "Goodbye Pareto Principle, Hello Long Tail," *Management Science*, Forthcoming, available at: http://papers.ssrn.com/abstract=953587.

Casadesus-Masanell, R. and G. Llanes [2009], "Mixed Source," NET Institute, Working Paper #09-06, available at: htto://ssrn.com/abstract=1474994/.

参考文献

〈和文文献〉

奥野正寛，瀧澤弘和［2007］「人工物の複雑化と製品アーキテクチャ」RIETI Discussion Papers Series 06-J-038.

中田善啓［1982］，『流通システムと取引行動』大阪府立大学経済学部。

中田善啓［1986］，『マーケティングと組織間関係』同文館出版。

中田善啓［1992］，『マーケティング戦略と競争―取引，ネットワーク，グローバリゼーション』同文舘出版。

中田善啓［1998］，『マーケティングの進化―取引関係の複雑系的シナリオ』同文舘出版。

中田善啓［2002］，『マーケティングの変革―情報のインパクト』同文舘出版。

中田善啓［2009］，『ビジネスモデルのイノベーション』同文舘出版。

中田善啓［2010］，「イノベーションのガバナンス」甲南大学経営学会編『経営学の伝統と革新』千倉書房　pp.291-303.

中田善啓［2011a］，「プラットフォームの進化」『甲南経営研究』第51巻，第1号，pp.1-31.

中田善啓［2011b］，「モジュール化と取引ネットワークのアーキテクチャ」『甲南経営研究』第52巻，第1号，pp.115-144.

中田善啓［2012a］，「マルチサイド・プラットフォームの再検討」『甲南経営研究』第53巻，第1号，pp.1-29.

中田善啓［2012b］，「イノベーションの分散化とプラットフォーム・デザイン」『甲南経営研究』第53巻，第2号，pp.1-22.

中田善啓［2012c］，「マルチサイド・プラットフォームとイノベーション」甲南大学ビジネス・イノベーション研究所編『ビジネス・イノベーションのプラットフォーム―東アジアの連携に向けて―』pp.3-20.

藤本隆宏［2007］，「人工物の複雑化とものづくり企業の対応」RIETI Discussion Papers 07-J-047.

〈欧文文献〉

Amabile, T. and S. Kramer［2011］, *The Progress Principle: Using Small Wins to Ignite Joy, Engagement, and Creativity at Work*, Harvard Business Press.

Anderson, C.［2006］, *The Long Tail: Why the Future of Business Is Selling Less of More*, Hyperio（篠森ゆりこ訳『ロングテール―「売れない製品」を宝の山に変える新戦略』ハヤカワ新書　2009年）.

【や　行】

【ら　行】

【わ　行】

【た　行】

【な　行】

索　引

〈著者略歴〉

中田　善啓（なかた・よしひろ）

1947年　大阪府大阪市に生まれる
1971年　和歌山大学経済学部卒業
1973年　兵庫県立神戸商科大学（現兵庫県立大学）経営学研究科修士課程修了
1976年　大阪府立大学大学院経済学研究科博士課程単位取得，退学後，大阪府立大学経済学部助手，講師，助教授，教授を経て
1994年より甲南大学経営学部教授，博士（経営学）

《主要業績》
『流通システムと取引行動』（大阪府立大学経済研究叢書，1982年），『マーケティングと組織間関係』（同文舘，1986年），『マーケティング戦略と競争—取引，ネットワーク，グローバリゼション』（同文舘，1992年），『マーケティングの進化—取引関係の複雑系的シナリオ』（同文舘，1998年），『マーケティングの変革—情報化のインパクト—』（同文舘，2002年），『ビジネスモデルのイノベーション』（同文舘，2009年），『戦略的マーケティング』（編著書，新評論，1990年），『マーケティングのニューウェーブ』（編著書，同文舘，1990年），『戦略的ブランド管理の展開』（編著書，中央経済社，1996年），『マーケティング理論の深化』（編著書，千倉書房，2004年），『エコノミック・オーガニゼーション』（監訳，晃洋書房，1989年），『ブランド・エクイティ戦略』（共訳，ダイヤモンド社，1994年）他論文多数執筆。
（専攻）マーケティング論，流通論

《検印省略》
平成25年４月25日　初 版 発 行　　略称：プラットフォーム

プラットフォーム時代のイノベーション
—クローズドからオープンビジネスモデルへの進化—

著　者　©　中 田 善 啓
発行者　　　中 島 治 久

発行所　同 文 舘 出 版 株 式 会 社
東京都千代田区神田神保町1-41　〒101-0051
営業（03）3294-1801　編集（03）3294-1803
振替 00100-8-42935　http://www.dobunkan.co.jp

Printed in Japan 2013　製版：一企画
印刷・製本：萩原印刷

ISBN978-4-495-38241-4